© Marcelo Faustini

40 ANOS DE

GLORIA

40 ANOS DE

GLORIA

EDUARDO NASSIFE & FÁBIO FABRÍCIO FABRETTI

GERAÇÃO EDITORIAL

40 ANOS DE GLORIA

1ª edição – Junho de 2010

Editor e Publisher
Luiz Fernando Emediato

Diretora Editorial
Fernanda Emediato

Capa
Giovanni Bianco,
com foto de Marcelo Faustini

Projeto Gráfico
Alan Maia

Diagramação
Kauan Sales

Tratamento de fotos
Alex Wink
Cinco Mais Comunicação e Design

Fotografias
Anna Muylaert – África Filmes, Cedoc/Rede Globo, Eduardo Nassife, LC Barreto, Marcelo Faustini, Studio Harcourt – Paris, Zezé D'Alice – Globofilmes

Preparação de Texto
Márcia Benjamim

Revisão
Josias A. Andrade
Gabriel Senador Kwak

DADOS INTERNACIONAIS DE CATALOGAÇÃO NA PUBLICAÇÃO (CIP)
(Câmara Brasileira do Livro, SP, Brasil)

Nassife, Eduardo
40 anos de Gloria / Eduardo Nassife & Fábio Fabrício Fabretti. –
São Paulo : Geração Editorial, 2010.

ISBN 978-85-61501-43-3

1.Atrizes - Brasil - Biografia 2. Pires, Gloria
I. Fabretti, Fábio Fabrício. II. Título.

10-02047 CDD: 792.028092

Índices para catálogo sistemático

1. Atrizes brasileiras : Biografia 792.028092

GERAÇÃO EDITORIAL

ADMINISTRAÇÃO E VENDAS
Rua Pedra Bonita, 870
CEP: 30430-390 – Belo Horizonte – MG
Telefax: (31) 3379-0620
Email: leitura@editoraleitura.com.br

EDITORIAL
Rua Major Quedinho, 111 – 20º andar
CEP: 01050-030 – São Paulo – SP
Telefax: (11) 3256-4444
Email: producao.editorial@terra.com.br
www.geracaoeditorial.com.br

2010
Impresso no Brasil
Printed in Brazil

© Marcelo Faustini

© Marcelo Faustini

Sumário

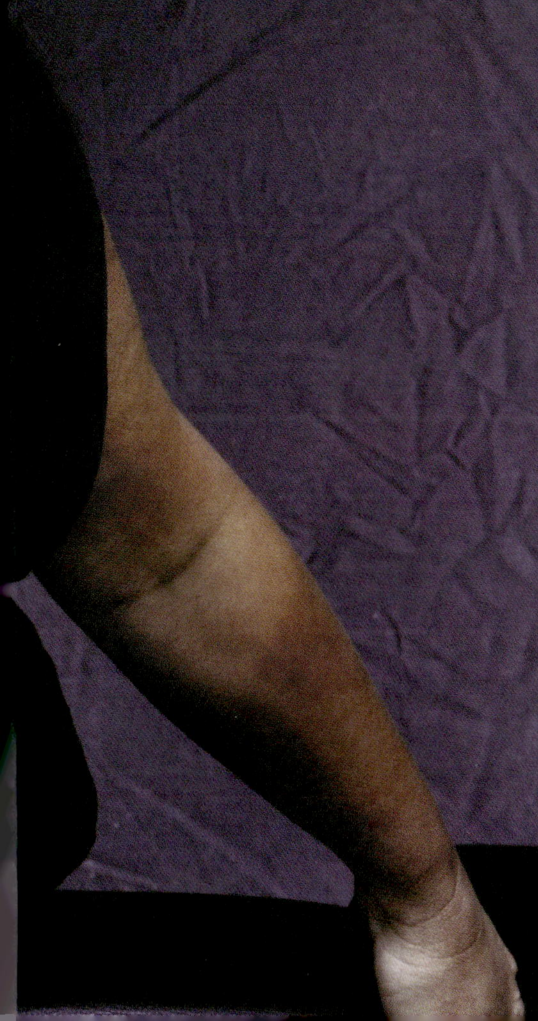

Dedico carinhosamente este livro a todos que fazem e fizeram parte da minha história. Sinto-me privilegiada por tê-los conhecido e por tudo o que aprendi com vocês. Um beijo amigo.

Agradeço aos autores Eduardo e Fabio por terem me oferecido a oportunidade de rever minha trajetória até então; vocês não sabem como isso me fez bem! Muito boa sorte a vocês, queridos.

GLORIA PIRES

Àquela que mantém a Gloria até no nome.

OS AUTORES

© Marcelo Faustini

Agradecimentos

Nossos especiais agradecimentos a Aguinaldo Silva, Aleluia Matteotti, Alessandra Negrini, Alexandre Barbosa, Ana Thereza Peralta, Andréia Spavier, Ângelo Daniel Alves, Anna Muylaert, Anna Paula Blumel Caldeira, Antonia Pires de Morais, Antônio Padilha, Arlete Salles, Ary Nogueira, Betty Erthal, Betty Gofmann, Carlos Magalhães, Carlos Manga, Carlos Vereza, Carolina Maroni, Cássia Kiss, Chico Anysio, Cissa Guimarães, Clara Landolfi, Cláudio Corrêa e Castro (*in memoriam*), Cleo Pires, Daniel Filho, David de Carvalho, Débora Duarte, Denise Saraceni, Elisa Thomé, Erico Magalhães, Euclydes Marinho, Fábio Barreto, Fernanda Farina, Fernanda Montenegro, Gabriela Gurgel, Gilberto Braga, Gilson Moraes, Helena Barreto, Igor Hercowitz, João Camargo, João Mattos e Silva, Jamille Salim, Jacqueline Laurence, Joana Fomm, Jorge Pereira Sampaio, José Wilker, Laura Cardoso, Leila Nassife, Linda Pires, Louise Cardoso, Lucy Barreto, Luis Carlos Barreto, Luiz Nassife, Malu Mader, Marcelo Corrêa, Maria Padilha, Marilena Belaciano, Narjara Turetta, Nilson Xavier, Orlando Morais, Patrícia Kogut, Paula Barreto, Rafaela Pires, Regina Duarte, Regina Rito, Reginaldo Faria, Rogéria, Sebastião Vasconcellos, Stênio Garcia, Stephan Nercessian, Suzana Franco, Tony Ramos, Zeca Vitorino, Zezé D'Alice, Zica e a todos que ajudaram.

Solange Barcellos, Giovanni Bianco, Marcelo Faustini, Márcio Lessa, Myrian Pires, Simone Beck e Ronaldo de Oliveira.

África Filmes, Globofilmes, LC Barreto, Rede Globo de Televisão, Centro de Documentação da Rede Globo e Hotel Copacabana Palace.

A Dama da Tevê

Aguinaldo Silva

Nascida e criada no ambiente profissional desde os verdes anos, dona de um talento ímpar e de uma capacidade única de mesmerizar e hipnotizar a câmera da tevê, ela mostrou que era a primeira atriz formada pelo veículo. Não há dúvida quanto a isso: Gloria Pires é uma atriz de televisão, o que não a impede de brilhar no cinema, assim como brilharia no teatro, se resolvesse fazê-lo. Ela é principalmente do ramo, porque conhece todos os seus truques e segredos e sabe como ninguém tirar proveito de cada movimento, fala, silêncio, pausa ou do mais sutil olhar.

Lembro de uma cena, acho que em *O Dono do Mundo*, na qual Antônio Fagundes, que era o seu marido, disse ter cometido adultério, numa longa confissão em que Gloria não diz uma única palavra e não se mexe, a não ser no final, quando se volta para ele e despeja algo mais ou menos assim: "Saia do meu quarto, da minha casa, da minha vida!" E do muito que se falou, então, eu já esqueci... Menos dessas palavras, que, ditas por ela, ecoam na minha lembrança até hoje.

Infelizmente, nestes anos todos em que cada um de nós ocupou seu próprio espaço no veículo, trabalhei com Gloria Pires muito menos do que gostaria. É verdade que ela estava no elenco da minha primeira novela, *Partido Alto*, em 1984, em parceria com Glória Perez e da qual me afastei antes do final. Mas só pude me realizar como autor de textos para Gloria Pires quatro anos depois, em 1988, quando, em parceria com Leonor Bassères e Gilberto Braga, escrevi *Vale Tudo*, na qual ela fez a inesquecível e inenarrável Maria de Fátima.

Poderia dizer que este foi o grande momento da carreira de Gloria, mas se o fizesse, estaria sendo injusto com a fieira de personagens inesquecíveis que ela criou a partir daí, principalmente aquele que, junto com Maria de Fátima, é um dos meus dois favoritos: a Maria Moura, da minissérie homônima que, por conta do trabalho de Gloria, tornou-se clássica.

São 40 anos de carreira de uma atriz que foi profissional televisiva praticamente a vida inteira. Este livro a homenageia com justiça, pois em matéria de méritos, Gloria Pires merece todas as honras. Para mim, aos telespectadores e outros profissionais do ramo — que sabem o valor dessa grande atriz e o privilégio que é trabalhar com ela — este livro aparece em boa hora. Aqui temos muito de sua vida profissional, que afinal de contas, é o que mais nos interessa.

Trata-se de um balanço do que Gloria fez, e também uma promessa sobre o muito que essa grande *Dama da Televisão Brasileira* ainda fará...

E temos certeza que será muito, grande e belo.

A Mulher de Muitas Faces

Eduardo Nassife
Fábio Fabrício Fabretti

Todos já observaram que, nas novelas e filmes de maior audiência, o nome Gloria Pires é presença constante. Em qualquer cena que atue, há o peso de uma atriz com gesto, rosto, voz, nome e alma que exalam talentos.

Risos ou choros, injustiças ou justiças, paz ou guerra, casamentos arranjados ou por amor, felicidades ou tristezas, são ingredientes básicos das suas personagens históricas, interpretadas com a sagacidade de uma leonina que trocou a infância pelo precoce trabalho em meio ao mundo dos grandes.

A mulher de muitas faces, que alimenta o sonho de milhares de espectadores, eleva o patamar da dramaturgia televisiva e cinematográfica brasileira, desdobrando-se em personagens memoráveis. Nomes que somam, hoje, quarenta anos de uma carreira aqui comemorada, pela primeira vez oficialmente escrita. Resultado de um projeto idealizado há anos, com muitas horas de dedicação, sempre atenciosamente colaborado pela própria heroína da vida real: Gloria Maria Claudia Pires de Morais, ou, como é conhecida, Gloria Pires.

É aquela história:
Toda a verdade tem vários lados,
e cada pessoa vai ter a sua verdade.

GLORIA PIRES

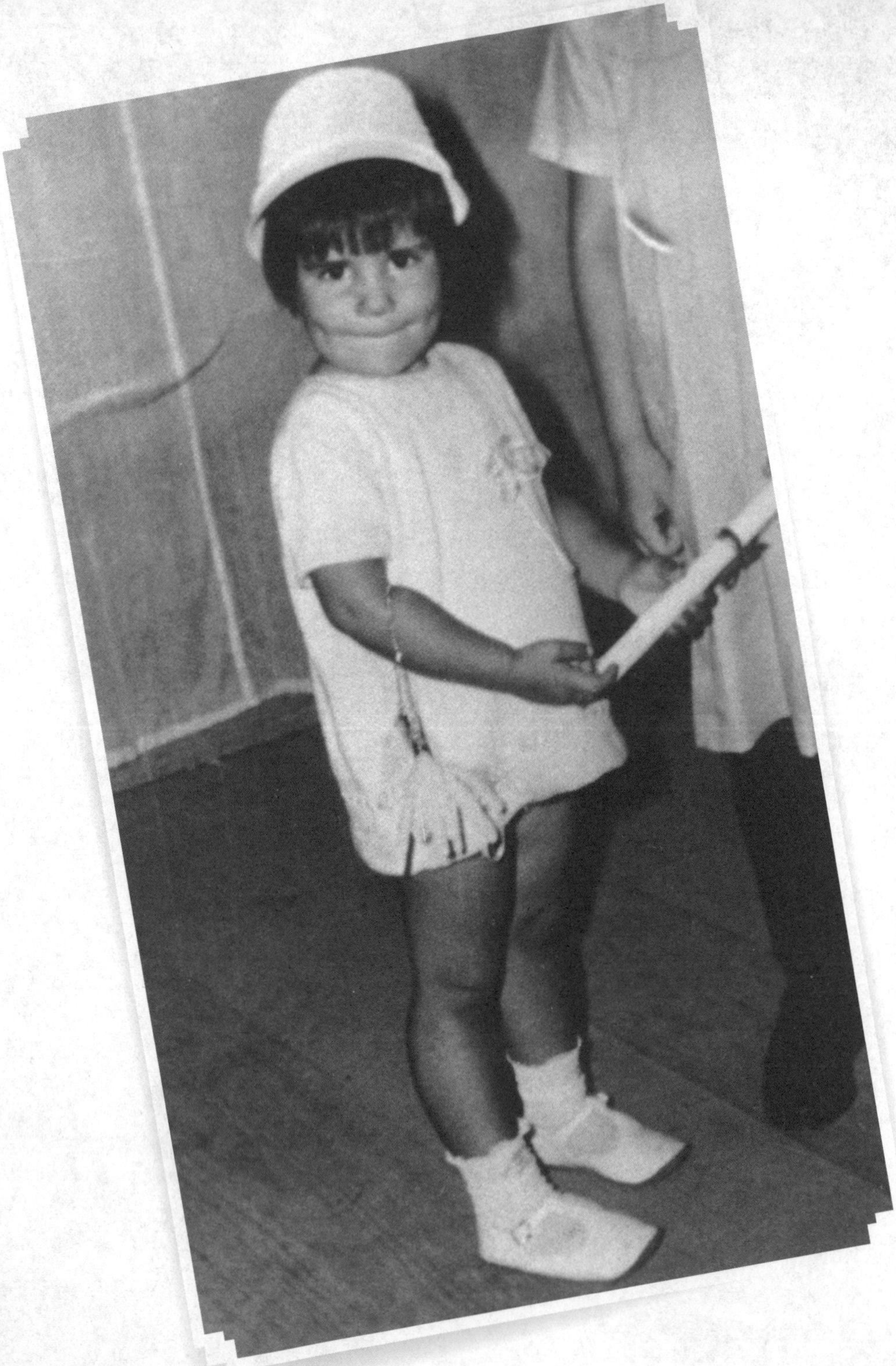

Dona Baratinha

Eu acho que o mundo parou,
desde o dia em que nasci.
Anda mundo, caminha,
reza a tua ladainha.
Sou criança e quero viver,
os jovens não podem morrer!
Oh! Mundo sofrido!
Oh! Mundo oprimido!
Oh! Mundo danado!
Parece que roda parado!

São Paulo, 1968. Em plena época ditatorial, uma passeata de estudantes contra o governo de Costa e Silva agrupava-se nas imediações da Avenida 9 de Julho, cujos manifestantes eram agredidos por militares. Dentro de um ônibus, uma criança observava aquela cena, chocada: era uma menina um pouco rechonchuda, de cabelos negros e lisos, que atendia por Gloria Maria Claudia Pires, então com cinco anos.

À noite, com a cena ainda ecoando em sua lembrança recente, a menina declamou uma poesia, rapidamente anotada em um caderno por sua mãe, Elza Marques Pires, que registrava todos os poemas de Gloria, sem suspeitar que aquele, especificamente, viria a ser, um dia, o primeiro parágrafo da biografia de sua filha.

No entanto, o capítulo inicial da vida de Gloria Pires começa antes mesmo de seu nascimento. Seus pais, Antônio Carlos Pires e Elza — carinhosamente chamados de Tuneca e Leleca — eram donos do Instituto Curumim, antigo colégio do Alto Leblon, na Zona Sul carioca.

Num fim de tarde de abril de 1963, com o colégio já vazio, Dona Elza ouviu ruídos vindos do auditório, onde havia um palco. Ela resolveu, então, subir a escada do palco, e levou um grande susto ao sentir uma criança despencando sobre seu corpo. O menino, que se escondeu por artimanha, nada sofreu, pois teve o impacto da queda amortecido por ela, que não teve a mesma sorte. O resultado? Três vértebras esfaceladas.

Conduzida ao hospital, Dona Elza, então com 40 anos, teve outro susto ao descobrir que estava no 4º mês de gestação. Era a segunda e inesperada filha do casal. A partir desse momento, mesmo diagnosticada e medicada, Dona Elza permaneceu em absoluto repouso nos meses subsequentes da gravidez, sempre apoiada por Antônio Carlos, ciente de que a gravidez transcorria com sérias complicações.

Quatro meses depois do acidente, o bebê não conseguia se mover dentro da barriga, o que levou Dona Elza a uma cesariana de emergência, ainda no 8º mês de gestação. O parto aconteceu no dia 23 de agosto daquele ano, por volta de meio-dia, no Hospital da Beneficência Portuguesa, no bairro da Glória, no Rio. Nascia, então, Gloria Pires.

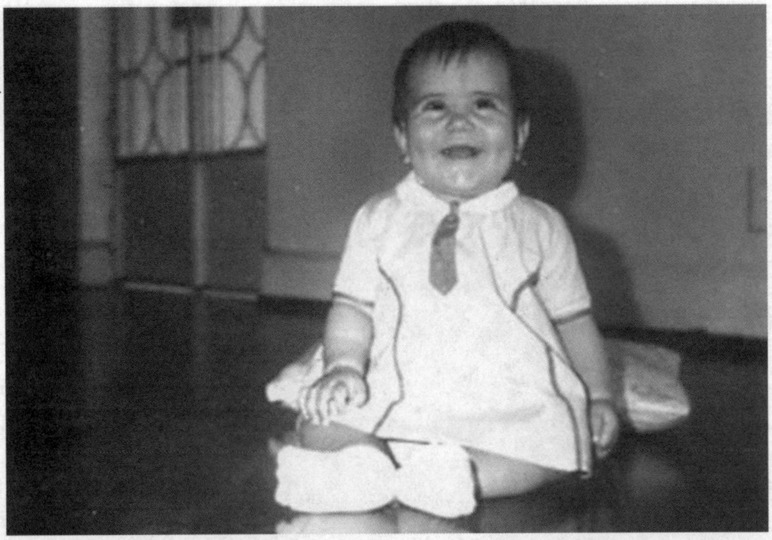

1964. Gloria com pouco mais de um ano.

1964. 1º aniversário, no colo da madrinha e prima, Therezinha Regina.

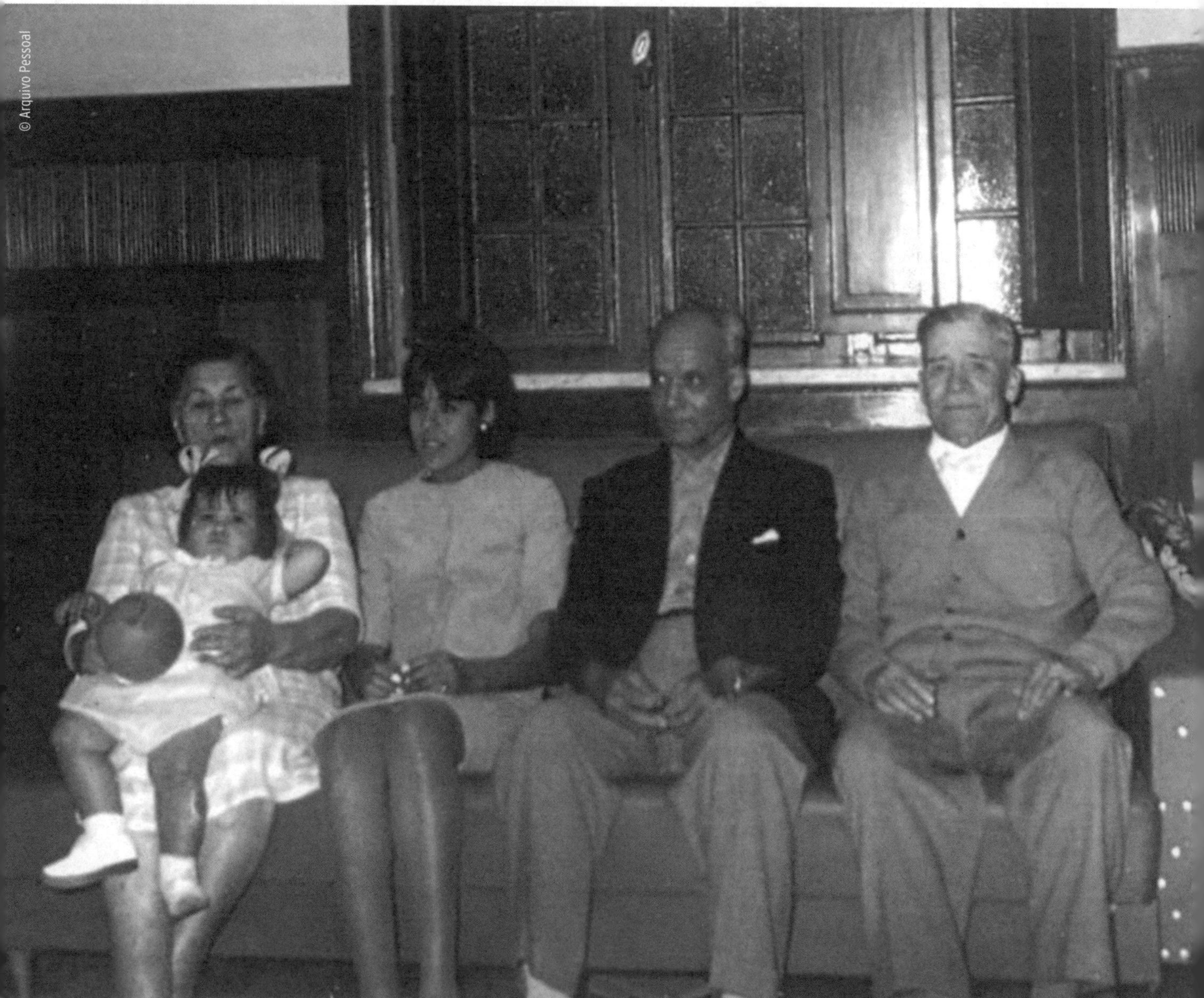

1964. Gloria, com um ano e meio, no colo de sua avó Deolinda, ladeada por Therezinha, seu avô Domingos e Jonjoca

1966. A famosa foto de Gloria que inspirou sua irmã, Linda Pires, a chamá-la de "Dona Baratinha", pois desde pequena tinha mania de limpeza e arrumação.

D. Elza e Antônio Carlos, pais de Gloria.

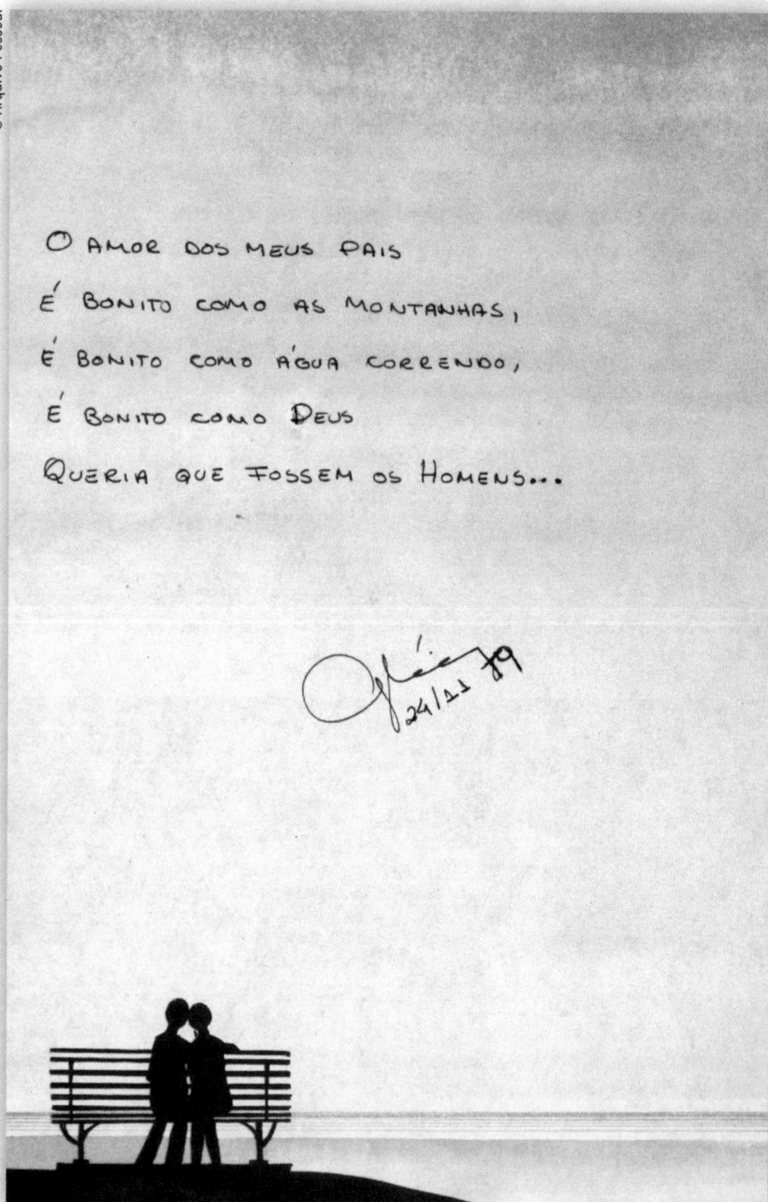

O AMOR DOS MEUS PAIS
É BONITO COMO AS MONTANHAS,
É BONITO COMO ÁGUA CORRENDO,
É BONITO COMO DEUS
QUERIA QUE FOSSEM OS HOMENS...

24/11/79

Poema – Amor dos Pais.

Os meses seguintes ao nascimento de Gloria também foram difíceis. Dona Elza foi operada pelo Dr. Paulo de Canton, que realizou uma nova técnica de enxerto em sua coluna vertebral danificada. As dores lancinantes eram amenizadas com o uso de morfina, o que comprometeu o aleitamento da menina.

Naquela época, São Paulo possuía a pesquisa médica mais avançada do que qualquer outra cidade brasileira. Logo, Antônio Carlos resolveu se mudar com toda a família para a capital paulista. Trocou a Ladeira dos Tabajaras, em Copacabana, pela Avenida 9 de Julho, em São Paulo.

Desde cedo, a pequena Gloria já demonstrava uma inclinação para o mundo das artes: desenhava, representava personagens da tevê, cantava — em especial o tema italiano do personagem Ciccilo, interpretado por Sérgio Cardoso na novela *O Cara Suja*, da TV Tupi.

Também adorava brincar no estúdio onde era gravada a novela *A Muralha*, em que seu pai atuava, e ficava perplexa com o tamanho dos cenários — na verdade, eles pareciam maiores do que eram, devido ao fato de Gloria ser muito pequena. Sempre que podia, Dona Elza levava a filha para ver o pai em cena.

Ainda nessa mesma época, em férias na casa de seu tio materno João Marques, que morava em São José dos Campos, interior de São Paulo, Gloria sofreu seu primeiro acidente. Sentada na garupa da bicicleta, que era conduzida por sua irmã mais velha, Linda, ela prendeu o pé nos aros do pneu traseiro. Além do susto, o acidente foi tão grave que quase lhe quebrou os ossos, o que gerou uma frustração na menina que adorava calçar os sapatos de salto alto de sua mãe e desfilar pela casa. O ortopedista recomendou aulas de balé para auxiliar em sua recuperação.

Linda, nove anos mais velha que Gloria, não deixava de participar do universo da irmã caçula. Foi Linda, inclusive, quem ajudou Gloria a se alfabetizar, devido às brincadeiras de professora e aluna, o que fez com que Gloria já entrasse na escola lendo algumas palavras e identificando alguns fonemas. Também brincavam de Chapeuzinho Vermelho, Cinderela e improvisavam desfiles, para os quais Linda maquiava e vestia a irmã caçula com requinte, empolgada pelos concursos de *miss* da época.

Dona de uma fértil imaginação, Gloria provocava risos com as histórias que criava. Uma delas era a respeito do seu nascimento. Ao saber que havia nascido via cesariana, fantasiava que o médico abria uma porta na barriga de sua mãe e colocava uma escadinha, por onde ela descia, exatamente como faziam nos musicais cinematográficos.

Por acompanhar a novela *Os Estranhos*, da TV Excelsior, na qual Regina Duarte interpretava uma extraterrestre, Gloria fantasiava também sobre sua origem. Dizia ser interplanetária, alimentando-se de pastilhas de íons — na verdade, de chocolate.

Se as adversidades financeiras e de saúde, por vezes, eram presentes na família Pires, Gloria amenizava tais problemas com suas tiradas engraçadas, que levava todo mundo às gargalhadas. Uma delas foi sobre o comercial de sabonetes Rexona, cujo slogan era *Com Rexona, sempre cabe mais um!*. Um dia, seus pais estavam de saída e disseram que não ela iria, pois não havia espaço no carro. Gloria retrucou: "Eu tomei banho com Rexona, agora, eu entro em qualquer lugar!".

Gloria sempre se mostrou organizada, cuidando da sua aparência, zelando por suas bonecas, arrumando suas roupas e adorava os trabalhos domésticos, o que lhe custou o apelido de Dona Baratinha, personagem do conto infantil, porque varria a casa com uma fita amarrada na cabeça, cantando: "Quem quer namorar com a Dona Baratinha, de fita no cabelo e dinheiro na caixinha?".

A Pequena Estrela

A televisão sempre me soou um clima familiar.

Em 1968, na Excelsior, o diretor Dionísio Azevedo se preparava para as gravações de *A Pequena Órfã*, novela de Teixeira Filho. Ele conhecia Gloria por intermédio do pai e a achava uma garota apresentável e simpática. Então, pediu a Antônio Carlos que a levasse para participar da abertura da novela. "*Vamos lá, porque vão filmar você!*", disse o pai à Gloria, que completava quatro anos.

"Eu me lembro de estar num lugar e ter muita gente em volta. Fiquei muito envergonhada, sem saber exatamente o porquê de estar ali. O Dionísio, além de diretor, era também o ator principal. Ele me colocou numa posição e disse para eu ficar lá, e quando dissesse *gravando*, deveria me virar e dar um sorriso! E informou que eu faria uma menininha rica."

Gloria foi vestida como tal: uma saia vermelha de veludo, uma pelerine — que estava no auge da moda — e uma blusa de renda branca, tudo costurado por sua mãe, especialmente para a ocasião. "Na hora de gravar, tinha que me virar e fazer um charme. Mas quando me virei, vi uma multidão me encarando. Fiquei morta de vergonha! As pessoas gostam de parar para olhar as gravações, mas quase nunca imaginam que quem está ali representando morre de vergonha! Eu fiquei tão desconcertada que senti minha boca secar. Imediatamente passei a língua nos lábios, o que deu uma impressão bastante afetada, exatamente como o diretor queria."

Por vezes, Gloria enfrentava um problema crônico de hemorragia nasal. E ao gravar a primeira cena da novela, com a atriz Riva Nimitz — antagonista da história, cujo papel era ameaçar as criancinhas de um orfanato — teve uma crise. "Fiquei toda ensanguentada, parecia que eu participava de um filme de terror! E, por causa disso, me cortaram da cena. Só apareci mesmo na abertura."

A protagonista da novela, Patrícia Aires — a órfã do título — precisou abandonar a emissora com a novela ainda no ar. A situação deixou a equipe de produção numa situação calamitosa. Gloria acompanhava a novela pela tevê, e gostava de imitar a voz de Patrícia, que fazia com uma perfeição impressionante.

Seu pai comentou o fato com Dionísio, que ficou contagiado com a possibilidade de utilizar as imagens já gravadas de Patrícia, em câmera lenta, usando a voz de Gloria no fundo, como se fosse a de Patrícia. Graças ao imprevisto, Gloria foi novamente convocada a participar da novela, propiciando uma passagem de tempo providencial para a troca de Patrícia por outra atriz mais velha.

"O interessante não era o sotaque de paulista, até porque morava em São Paulo e por isso era fácil imitá-la, mas a voz e a entonação que eu fazia, exatamente iguais aos da Patrícia, eram o que chamavam a atenção."

No ano de 1969, Gloria e sua família voltaram a morar no Rio. Ela estava com seis anos e cursava o primário. "De época em época, passávamos uma temporada em cada cidade, por causa do trabalho do meu pai. O regresso definitivo ao Rio foi repentino, devido aos problemas de saúde enfrentados pela minha avó paterna, Deolinda. Quando os meus pais casaram, eles foram morar com ela. Depois, ela veio morar com eles. Quando eu nasci, a minha avó Deolinda era parte da nossa família. E essa mudança de São Paulo para o Rio coincidiu com a doença dela. O meu pai não pôde mais voltar para São Paulo, pois ela teve um derrame e ficou muito complicado viajar. Eram tempos mais difíceis porque não existia nem plano de saúde. Meu pai decidiu que seria melhor voltarmos definitivamente para o Rio. Foi traumático para todos, principalmente para a minha irmã, que já era adolescente. Eu era muito pequena e não entendia nada, mas a vinda ao Rio, do jeito que recomeçou, foi muito conturbada."

Os percalços financeiros enfrentados por seu pai não eram poucos. Assim que retornaram ao Rio, moraram por três meses na casa de sua tia materna, Laurinha, em Vaz Lobo, subúrbio carioca. Concomitante com o Natal, Gloria dormia num sofá-cama na sala, próximo à árvore decorada que enfeitava o ambiente. "Aquelas luzes piscando como pequenas estrelas abrilhantavam os meus sonhos." Quando chegou o Carnaval, Dona Elza costurou uma fantasia de baiana para a menina. A roupa, de tecido leve, consistia numa saia

1964. Gloria e sua avó Deolinda, em sua festa de 1 ano.

O ator Antônio Carlos Pires, pai de Gloria, nos tempos da extinta Rádio Mayrink Veiga.

simples com bordado inglês e um bustiê. Percebendo a cara emburrada da neta, sua avó Deolinda a questionou. E Gloria retrucou: "Está faltando o vestido! Eu vou assim, só de anágua e sutiã?"

Seis meses depois, a família mudou-se para a casa de uma prima de Dona Elza, Therezinha, em São Cristóvão, também subúrbio carioca. Nesse período, sua mãe submeteu-se a uma cara cirurgia, dessa vez em virtude de uma sinusite. Permaneceram por três meses hospedados na residência de Therezinha.

A situação só começou a melhorar quando Antônio Carlos arrumou um fiador e conseguiu alugar um apartamento em Botafogo, na Zona Sul carioca. "Vivemos safras ruins economicamente, mas nunca encaramos esses momentos como barra-pesada. As adversidades sempre foram vistas com muito humor. Minha mãe contava que no início do casamento, quando ela e meu pai não tinham dinheiro, comiam um sanduíche de mortadela com tanto prazer que era como se estivessem comendo uma bacalhoada! E a situação ganhava outro tom! Tudo se ajeitou quando mudamos para Botafogo. Jamais vou me esquecer do quarto que meus pais montaram para mim e Linda: tinha uma parede amarela, com pegadas pretas subindo para o teto, e outra recoberta por jornais estrangeiros e pôsteres dos astros da época, que Linda amava. Os armários eram de módulos bem coloridos, suspensos por roldanas, que eles também confeccionaram."

Seu pai, Antônio Carlos, também foi uma criança precoce. Aos nove anos, começou a desenvolver um grande interesse pela arte dramática, ingressando num teatro que se localizava aos fundos de uma igreja no bairro de Olaria, Zona Norte do Rio. Aprendeu com atores veteranos a arte da comédia, na qual se especializou. Anos mais tarde, já nos tempos da Rádio Mayrink Veiga, integrou o elenco da *Escolinha do Professor Raimundo*, como o caipira Joselino Barbacena. Era um ator muito econômico em sua maneira de interpretar, algo inusitado para humoristas. Gloria pensa, hoje, que talvez outro interesse, além da dramaturgia, tenha nascido a partir das caracterizações do seu pai: o da maquiagem. Em parceria com o maquiador Eric Rzepecki, Tuneca criou as próteses dentárias que davam um aspecto de dentuço ao ator. E, juntos, também aperfeiçoaram a peruca que deixava os atores carecas.

"O processo de criação sempre me fascinou! O que mais me dá prazer é o momento em que você está buscando a personagem. É um prazer egoísta e pessoal. O fazer é muito doloroso. Porém, quando o trabalho chega ao público, eu me realizo em saber que um personagem pode levar alguma alegria num momento difícil a uma pessoa."

A relação de Gloria com sua família era pontuada por um diálogo franco e aberto. "Meus pais conversavam comigo e minha irmã sobre tudo. Nós fomos criadas com total liberdade. Falávamos de drogas, levávamos nossos namorados em casa, dormíamos na casa das nossas amigas e até meu pai debatia sobre assuntos tipicamente femininos, como menstruação e gravidez."

A precocidade na carreira não fez com que Gloria sentisse sua infância passar em branco. Talvez lhe tenha dado uma responsabilidade que não era comum às crianças da mesma idade. "A televisão sempre me soou um clima familiar. Muitas vezes, tenho que buscar um distanciamento para entender que estou numa grande empresa, e não na minha casa."

O Não que Antecede o Sim

Tive infância e adolescência.
mas sempre cabeça de adultinha.

Depois de debutar na tevê em *A Pequena Órfã*, diante da afirmação não muito convicta de Gloria em querer continuar a carreira, Antônio Carlos a levou até Guta Mattos, então diretora de elenco da Rede Globo, onde deixou fotos da filha, motivado pela expectativa de Gloria seguir seus passos.

Em setembro de 1971, a menina Gloria Maria — seu primeiro nome artístico — viu num teste a possibilidade de ingressar numa produção da Rede Globo. A novela era *O Primeiro Amor*, de Walther Negrão, que estrearia em janeiro do ano seguinte. A personagem era Zizi, filha do Professor Luciano (Sérgio Cardoso), embora não tivesse tanto destaque, abriria para Gloria uma grande oportunidade.

O teste foi dirigido pelo ator Paulo José, que também atuava na novela, formando, com Flávio Migliaccio, a dupla Shazan e Xerife. Daniel Filho, diretor de criação da Rede Globo, estava à procura de uma menina muito bonita, *estilo bonequinha*, como ele mesmo definiu a Antônio Carlos, que decidiu testar a filha para o papel.

O resultado do teste, entretanto, não foi muito benéfico para Gloria, reprovada, segundo Daniel Filho, *por não ter os atributos físicos que buscava para a personagem*. Rosana Garcia levou o papel. Daniel afirmou posteriormente que "*Gloria é um dos lindos casos do Patinho Feio, em que ninguém percebeu que, na verdade, se transformaria num cisne*".

No entanto, se para Daniel ou qualquer outro profissional da área, a reprovação em um teste era encarada como um fato natural, o mesmo não ocorreu para Gloria, que experimentou na pele, pela primeira vez, a sensação da rejeição.

"Hoje sei que esse episódio ajudou a me fortalecer. Quando cheguei em casa, me enfiei embaixo de uma mesa e chorei muito! Hoje, as crianças são preparadas para o fato de que serão ou não escolhidas, criando certa resistência. Isso foi uma etapa que precisei vencer, porque a história daquela rejeição foi terrível para mim. Mas a vida é mesmo muito interessante, pois eu e o Daniel temos, hoje, uma relação de respeito, carinho e grande admiração profissional um pelo outro."

Numa tentativa de dispersar aquela fase depressiva, Gloria foi matriculada na Escola de Artes do Parque Lage, na Zona Sul do Rio, onde trouxe à tona seu interesse por desenhos, aproveitando para confeccionar cartões de Natal para amigos e familiares. Como a Escola de Artes só aceitava alunos maiores de idade, o diretor abriu uma exceção para Gloria, por perceber sua inclinação artística, e pôde participar como aluna ouvinte, assistindo às aulas ao ar livre e praticando os exercícios propostos. Em seguida, foi estudar teatro com Yara Machado, no Tablado, e praticar balé na academia de Leda Yuki, que era amiga de seus pais.

"Comecei a estudar balé depois do acidente com a bicicleta, e parei aos 10 anos. Com a dança, ganhei disciplina e trabalhei minha desenvoltura. Cinco anos depois, pratiquei jazz com Nádia Nardini, e depois com Marly Tavares e Lennie Dale. Também fiz um curso com Jo-Jo Smith, que foi o coreógrafo de John Travolta em Embalos de sábado à noite. Era um curso para alunos superiores e professores, não sei como meus pais conseguiam me inserir. Acho que vem do fato de eles nunca medirem esforços para eu chegar a algum lugar."

Nessa mesma época, Gloria ganhou um irmão adotivo, Cosme Eduardo, filho de uma jovem solteira, de 16 anos, que foi trabalhar em sua casa. "Para mim e minha irmã foi uma festa! Eu sempre sonhei ter um irmão."

Em fevereiro de 1972, Gloria interpretou a inocente Ângela, no programa *Caso Especial: Sombra de Suspeita*, ao lado de Francisco Cuoco e Fábio Massimo.

Semanas depois, Guta Mattos a escalou para participar da nova novela das oito, *Selva de Pedra*, de Janete Clair, que estrearia em abril daquele ano. Gloria ganhou, então, sua primeira personagem em telenovelas: a espevitada Fátima, que ela considera sua estreia na tevê. Fatinha, como a personagem era chamada, era filha de Irene (Agnes Fontoura), que morava na pensão de Fanny (Heloísa Helena), e a mãe se realizava por intermédio da filha, e sempre a colocava para dançar.

Sucesso consumado, *Selva de Pedra* chegou a alcançar 100% de audiência, quando a personagem de Regina Duarte, Rosana Reis, foi desmascarada. A novela consagrou Janete Clair como um dos maiores fenômenos da história da teledramaturgia brasileira.

Foi nesse período que Gloria deu sua primeira entrevista à imprensa, falando sobre sua personagem. "A Fatinha é muito malcriada e vive dando shows de estrelismos!", disse à revista *Amiga*. "Não era um grande papel, mas para mim, naquela idade, foi uma experiência enriquecedora!"

Gloria era uma criança ainda, mas cumpria responsabilidades e horários de gente grande. Como na cena do casamento que não chegou a ser consumado, entre Fernanda (Dina Sfat) e Cristiano (Francisco Cuoco), em que foi dama de honra, ela relembra que gravou em plena madrugada. "Terminamos a gravação dessa cena às três da manhã, uma doideira."

Situação curiosa que despertou a atenção de Gloria foi com Sônia Braga, que interpretava Flávia, filha de Walkíria (Neuza Amaral), que matou o amante e deixou a culpa recair sobre a filha, garantindo sua liberdade pela menoridade da menina, que se tornou muda pelo trauma. Outras cenas estavam sendo gravadas, enquanto Gloria observava Sônia parada e concentrada, recostada na porta do cenário que seria o apartamento de sua mãe.

"Eu não sabia o que era aquilo, fiquei impressionada. Olhava para a Sônia e ela estava lá, quieta. Fui dar umas voltas pelo estúdio e quando voltei, ela permanecia estática. Meu pai percebeu meu estranhamento e me explicou que ela estava fazendo laboratório, que vem a ser o contato que o ator trava com

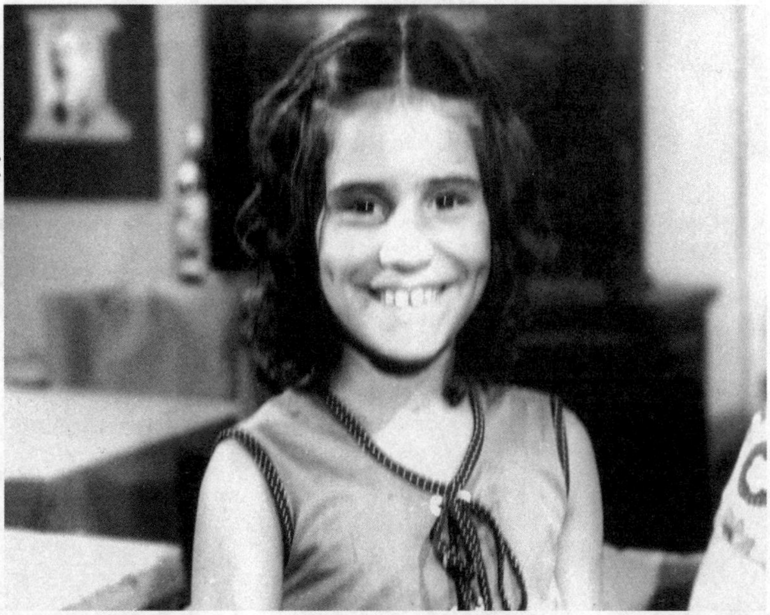

© Divulgação – Cedoc/Rede Globo

1972. Gloria como a espevitada Fatinha, de Selva de Pedra.

a emoção da personagem, mergulhando naquele universo. Comecei a achar interessante e, a partir daí, passei a observar outros atores também, como a Regina Duarte e o Francisco Cuoco."

Quando a novela chegou ao fim, em janeiro de 1973, Gloria não demorou muito a voltar à tevê. Novamente pelas mãos de Janete Clair, deu vida à Ione, de *O Semideus*, que estreou em agosto daquele mesmo ano. "Eu quase não me recordo dessa novela, pois gravava muito pouco."

Ione era filha dos donos de uma barbearia, Azevedo (Castro Gonzaga) e Juventina (Gracinda Freire), e fazia parte do

1974. Gloria ao lado do ator Nizo Neto, filho de Chico Anysio, que também integrava o elenco do humorístico.

núcleo encabeçado pelo ator Ziembinski, que interpretava o Padre Miodek. A novela discutia a disputa pelo poder e a traição na alta sociedade, através dos sósias Hugo Leonardo e Raul, vividos por Tarcísio Meira, que foi desmascarado por sua namorada, Ângela (Glória Menezes), e pelo jornalista Alex Garcia (Francisco Cuoco). A Globo investiu alto no orçamento da novela, que retribuiu com média de 81 pontos de audiência, um número impossível de ser alcançado hoje.

Com o término de *O Semideus*, em abril de 1974, Gloria migrou para o elenco fixo dos humorísticos da Globo. Entre 1974 e 1976, participou dos programas *Uau*, *Satiricom*, *Faça Humor, Não Faça Guerra* e *Chico City*. Neste último, permaneceu por mais tempo, tendo a chance de contracenar com humoristas tarimbados como seu pai e Chico Anysio. "*Ela nasceu para ser atriz, domina o que faz!*", declarou Chico na época.

Antônio Carlos foi além da figura paterna, ajudando-a com o sotaque nordestino de sua personagem no humorístico. As gravações deixavam Gloria muito tensa, que chegava ao ponto de tremer. "Ficava tão nervosa que nem sei como conseguia falar e pensar. Isso me levava a questionar o porquê de continuar fazendo aquilo."

Nizo Neto, filho de Chico Anysio e seu companheiro de cena, tornou-se o primeiro namorado de Gloria. Ele com 10 anos, e ela com 11. "Obviamente, era um namoro de criança, não houve sequer um selinho."

"Aprendi muito com os pequenos papéis que representei. Naquela época, os programas eram gravados no Teatro Fênix, no Jardim Botânico. Foi ali que convivi com as feras do humor. Ouvi muitas dicas deles e cada vez mais aquele universo me fascinava. Além disso, tive a chance de aprender errando, já que não estourei logo como protagonista."

O tempo passava e a deixava mais próxima da adolescência. Porém, profissionalmente, Gloria já orbitava em meio aos adultos. "Desde cedo, aprendi que tudo tem um lado difícil, até na melhor parte da vida. Na vida não existe só o prazer e a realização. Tive infância e adolescência, mas sempre cabeça de adultinha."

Ovolactovegetariana

Ter o nome de Gloria
é uma responsabilidade.

Gloria entrou na adolescência ao estudar no extinto Colégio Pueri Domus, no Jardim Botânico, Zona Sul do Rio, transferido posteriormente para o bairro de Santa Tereza.

Sua professora de teatro era Louise Cardoso. "A Louise sempre foi lindíssima. Temos menos de dez anos de diferença de idade. Ela estava no auge dos seus vinte anos. Tinha feito um comercial de cigarro com o Eduardo Tornaghi, que se tornou um sucesso, deixando-a mais conhecida ainda. Ela foi maravilhosa naquela fase, e aprendi muito com seu *know-how* e toda bagagem artística. A maioria dos alunos não entendia nada e não estava nem aí. Fazia aquilo como apenas uma aula prazerosa. Para mim, era algo sério, importante e acolhedor."

No entanto, inúmeros problemas a assolaram naquela escola. Um deles girou ao redor de uma aluna que era a líder da sala. Comandava os meninos e meninas. Era temida. Jogava futebol muito bem e seu histórico de repetente a colocava numa posição mais velha do que todos, em torno de quinze anos. A vinda de Gloria a deixou ameaçada talvez pelo fato de ser artista.

"Não era famosa nem popular, mas algumas pessoas me reconheciam nas ruas e na própria escola, e paravam para falar comigo, pedir autógrafos. Aquilo afetou muito a Miss Líder, e sua rivalidade se instalou. Ela começou a me perseguir desenfreadamente. Sua paranoia comigo se elevou a tal ponto que nunca consegui entender, pois ela conseguiu deixar a turma inteira contra mim. Fofocava para as pessoas que eu falava mal delas. E eu lá, tolinha, sem saber de nada. Sofri um ano de provação nas mãos daquela criatura."

A Louise foi a única que não entrou na onda. Por ser do teatro, ela conhecia esse ímpeto que os artistas causam nas pessoas, de admiração e ódio. Sempre foi muito inteligente e bem preparada, com um coração de ouro."

"Quando a Louise entendeu a má intenção da história, antes de se demitir, fez uma reunião geral e explicou claramente o motivo de estar saindo. Foi uma atitude muito corajosa, visto que ela abriu mão do seu emprego para não ser conivente com aquela injustiça. Ela era muito jovem e estava começando a carreira, e sempre viveu do trabalho de atriz. Deve ter sido complicado. Achei-a de um caráter imenso e sua atitude ficou carimbada em mim."

© Arquivo Pessoal

1975. Aos 12 anos, Gloria posa em sua casa.

No Pueri Domus, Gloria sofreu maus bocados. "Levava flechadas todos os dias. Comparo essa minha fase com a Santa Inquisição, pois eu chegava lá e esperava para arder na fogueira. Consegui continuar na escola nos anos seguintes e aquela temida menina, para o meu sossego, sumiu."

Foi nessa época também que Gloria leu a biografia de Mahatma Gandhi, traduzida por Cecília Meireles. O livro mudou muito sua impressão de mundo e despertou-lhe a espiritualidade. "O que mais me marcou foi a grandiosidade espiritual dele. Como alguém tinha aquela consciência e força? Isso entrou em mim de tal forma que eu quis ser igual. Quando decidi não comer mais carne vermelha, ninguém levou fé. Acharam que era mania de adolescente, coisas da idade."

Meses depois, sua avó Deolinda preparou um prato que tirou o sossego da menina: carne assada recheada com legumes. Toda a família estava reunida para esse almoço. Apesar de obstinada, a vontade ensandecida de Gloria era de saborear aquela iguaria, mas se conteve, mesmo acometida por uma crise de choro. A decisão de Gloria já tinha virado perseverança: "Não posso comer! Se eu ceder à tentação, não valerei nada!".

Ao final de 1976, retornou às novelas de Janete Clair, em *Duas Vidas*, no papel da adolescente Letícia, filha de Valdo (Luiz Gustavo), que interpretava um pai ausente e trambiqueiro, e neta do alfaiate grego Seu Menelau (Sadi Cabral), que tem a casa no bairro do Catete, no Rio, destruída para a construção de uma linha do metrô.

Gloria fez amizade com Luiz Gustavo, que a ajudava na composição da personagem. Liam o texto juntos, ensaiavam as

1976. Aos 13 anos, como Letícia, da novela Duas Vidas.

1976. Em Duas Vidas, Gloria era Letícia, a filha do trambiqueiro Valdo (Luiz Gustavo).

cenas, conversavam sobre o enredo. Gloria absorvia ao máximo os seus ensinamentos. Ao observar Arlete Salles interpretando Naná, ficava maravilhada. Para enfatizar a decadência da personagem, Arlete usava barriga postiça e enchimento nos quadris, o que causava um grande contraste, pois a beleza e elegância da atriz eram notáveis. "Achei maravilhosa essa entrega dela, disposta a piorar a própria imagem para dar realismo à sua criação. Observando-a, aprendi que o ator, às vezes, precisa se despir da própria vaidade para se adequar ao personagem."

Stephan Nercessian percebia o desdobramento que a menina fazia entre os estudos e a novela, chegando ao estúdio da Herbert Richers pontualmente ao meio-dia, esbaforida e ainda uniformizada, carregando sua mochila. Gloria estudava de manhã e gravava o dia todo. Aproveitava para fazer as lições de casa nos intervalos das cenas. E Stephan foi um grande amigo a auxiliá-la nas tarefas escolares.

A novela terminou em julho de 1977, quando seus pais matricularam-na no curso de Teatro de Jayme Barcellos, amigo do casal, que ofereceu uma bolsa para que Gloria tivesse maior estrutura artística. Como prova final do curso, Gloria participou da montagem teatral de *A Casa de Bernarda Alba*, última peça escrita pelo espanhol Federico Garcia Lorca.

Nesse período, Gloria também alterou seu nome artístico. Deixou de ser a Gloria Maria para se tornar definitivamente Gloria Pires.

© Divulgação - Cedoc/Rede Globo

Dias Dançantes

Dancin' Days foi muito importante para mim.
tinha uma proposta inovadora.

O Brasil parou na noite de 8 de julho de 1978. Milhares de telespectadores acumularam-se diante de seus aparelhos de tevê, sob a expectativa de descobrir quem era o assassino de Salomão Hayala, interpretado pelo ator Dionísio Azevedo, em *O Astro*, de Janete Clair, que causou altos picos de audiência à Globo. Em casa, Gloria, como todo o Brasil, fazia parte deste número.

Os diretores da emissora, empolgados com o sucesso das adaptações de Gilberto Braga dos originais literários de Bernardo Guimarães e Pedro Bloch, *Escrava Isaura* e *Dona Xepa*, confiaram ao autor a tarefa de escrever a próxima novela das oito, que assinaria, pela primeira vez sozinho, um texto original: *Dancin' Days.*

A novela surgiu inicialmente da própria Janete Clair. Ciente de que Gilberto estava à procura de um ponto de partida para a sua criação, a autora sugeriu que ele assistisse ao programa Globo Repórter, cuja temática era o cotidiano das presidiárias. Propôs, então, que escrevesse sobre uma mulher egressa da penitenciária e sua dificuldade em se readaptar na sociedade, através da personagem Júlia Mattos, que, após 11 anos de detenção, ganhava a liberdade condicional, tendo como principal objetivo reconquistar o amor da filha adolescente, Marisa, a quem sua irmã criou como filha desde a sua prisão, ocultando o fato à adolescente.

Na trama, a ex-presidiária se deparava com o principal obstáculo, a irmã e socialite Yolanda Pratinni (Joana Fomm), uma mulher fútil e preconceituosa, alicerçada num casamento de aparências. De personalidades opostas, Yolanda acreditava que Júlia podia exercer uma influência negativa sobre a menina.

Sônia Braga foi cogitada por Daniel Filho para a protagonista, mas tanto ele quanto Gilberto Braga relutavam por causa da idade de Sônia, então com menos de 30 anos. O perfil da personagem exigia uma atriz um pouco mais velha, já que seria mãe de uma adolescente. Para acabar de vez com as dúvidas, Daniel Filho propôs à Sônia Braga que fizesse um teste. Ao mesmo tempo, Daniel queria aproveitar para testar candidatas à intérprete da filha Marisa.

Assim que ficou sabendo da vaga para viver Marisa, Gloria inseriu-se na lista, mesmo receosa. Novamente seria avaliada por Daniel Filho, que a reprovara anteriormente. Era o trauma do passado que ainda a assombrava. A insistência

© Arquivo Pessoal

do pai, todavia, convenceu-a de que aquela era uma excelente chance de desfazer aquele fantasma e mostrar o seu talento. "Aprendi com o meu pai que tentar é a maior arma que temos na vida."

Quando chegou ao local do teste, nos estúdios da Herbert Richers, o pavor a dominou. O estacionamento da emissora estava repleto de candidatas. Cerca de duzentas meninas aguardavam o processo seletivo. "Quando vi aquele estacionamento lotado por aquelas meninas lindas, quase desisti, mas decidi ficar mesmo assim."

Entre os disputados nomes, Lídia Brondi era a candidata em que Daniel Filho apostava. Ela havia trabalhado com ele e Sônia Braga em *Espelho Mágico*. No despontar da noite, as jovens candidatas estavam famintas e exaustas de tanto aguardarem. As que não tinham experiência cênica foram dispensadas. Restaram, então, Gloria Pires, Lídia Brondi, Suzana Queiroz e as irmãs Cristiana e Ticiana Studart. Todas possuíam entre 16 e 18 anos, com exceção de Gloria, que tinha 14.

A cena do teste era a famosa sequência do casamento de Marisa, em que ela descobria que Júlia era sua mãe. Gilberto escreveu algo bem melodramático para a situação, e a marcação que Daniel Filho deu era a mesma para todas as candidatas.

Gloria voltou tensa para casa. Um mês depois, Dona Elza recebeu um telefonema da produção da novela, comunicando que a filha havia sido a escolhida. Mãe e filha quase não acreditaram e a comemoração foi entre lágrimas e risos. Para Gloria, estar entre os grandes nomes da tevê, como Antônio Fagundes,

Beatriz Segall, José Lewgoy, Sônia Braga, Joana Fomm e Mário Lago, era uma conquista.

Retornou à Globo para assinar o contrato e experimentar o figurino de Marisa. Encontrou com Daniel Filho, a figurinista Marília Carneiro e o autor Gilberto Braga, que lhe confidenciou que, ao presenciar o teste, seu voto era para ela. "Anos depois, Daniel me contou que o meu teste havia sido realmente perfeito. Rolou uma química absurda entre a Sônia e mim, e ele não teve dúvidas."

Pouco antes da estreia de *Dancin' Days*, um grande problema desabou. Norma Bengell, que já havia gravado vinte capítulos no papel de Yolanda Pratinni, rescindiu o contrato com a emissora. Joana Fomm, escalada para viver Neide, a empregada de Franklin (Cláudio Corrêa e Castro) e Celina (Beatriz Segall), foi alçada às pressas para o posto de antagonista, o que provocou um ritmo alucinado de gravações para recuperar o tempo perdido.

Em 10 de julho de 1978, *Dancin' Days* estreou, consolidando um grande marco na teledramaturgia brasileira, responsável por difundir para todo o Brasil a moda das discotecas e meias de Lurex.

Os primeiros salários de Gloria, embora não fossem muito, não poderiam ser gastos com exorbitâncias. Sua popularidade cresceu mediante o sucesso da novela. Em contrapartida, muita dor de cabeça surgiu. Não bastassem os rotineiros problemas escolares com um professor de teatro que a importunava por não aceitar que ela conciliasse os estudos com a carreira,

1978. Gloria e Joana Fomm, num intervalo das gravações de Dancin' Days.

Gloria e sua família foram incomodadas por brincadeiras de mau gosto e ameaças ao telefone, até de madrugada.

Certa vez, um telefonema anônimo informou à Dona Elza que Gloria havia sido atropelada. O trote poderia ter causado um grande impacto na mãe se a filha não estivesse junto. O que não era sempre, pois a presença de Gloria era inconstante em casa, aliada aos compromissos acarretados pela fama. Viajava muito, convidada a participar de eventos pelo Brasil afora.

Em determinado capítulo, Gloria se viu de volta ao ponto de partida. Ela e Sônia Braga regravaram a cena usada no teste, quando Júlia invadia a casa de Yolanda no dia do casamento de Marisa, revelando ser sua verdadeira mãe. Gilberto Braga escrevia a novela sem colaboradores, e não achou necessário refazer a cena que havia funcionado bem na seleção. Realizou poucas alterações e a enviou aos atores. Durante a gravação, Gloria e Sônia Braga estavam sob forte emoção. Era uma cena grande, de aproximadamente quatro laudas. "*Um momento em que a emoção tinha que entrar realmente. E elas conseguiram!*", recordou Daniel Filho, ressaltando o duelo em frente às câmeras.

Numa das cenas com Reginaldo Faria, Gloria foi acometida por um inexplicável esquecimento, causado, talvez, pela tensão que entremeava trabalho e estudo. "Aquilo foi terrível! Todo mundo lá, quieto, me encarando, esperando algo de mim. E nada. Claro que não consegui conter as lágrimas. E chorei mais ainda quando suspenderam por alguns minutos a gravação.

Assim que me recompus, o Daniel se ofereceu para me ditar o roteiro, fala por fala."

Mas se surpreendeu quando, num intervalo, Reginaldo se aproximou ocasionalmente dela e revelou baixinho: "*Olha, você é uma pessoa muito legal de contracenar! É generosa, aberta, tem aquela coisa de bate e volta. Eu jogo o texto, você pega e joga de novo!*"

Em pouco tempo, a personagem de Gloria acarretou milhares de fãs. Meninas usavam roupas e acessórios iguais aos de Marisa, ícone das jovens de todo o Brasil, que se identificavam com a personagem e suas meias coloridas de Lurex e laço no cabelo. "Entendo a relação do público com o artista. Afinal, eu também tinha meus ídolos. E me lembro de uma carta que eu escrevi a Rick Wakeman, querendo saber tudo sobre ele. Fui fã do Michael Jackson, meu primeiro ídolo. Na verdade, sonhava casar com ele! Também admirava muito o meu pai. O primeiro ator que me chamou a atenção foi o Carlos Eduardo Dolabella, antes, eu só observava as atrizes."

Gloria conquistou sua independência financeira, sempre colaborando com o orçamento doméstico.

O folhetim acabou em 27 de janeiro de 1979, causando comoção nacional. No fim, mãe e filha finalmente se perdoaram e as diferenças entre Júlia e Yolanda foram resolvidas. Os laços familiares se sobrepuseram às diferenças sociais, humilhações e ressentimentos. Porém, o maior aplauso foi o de Antônio Carlos: "*Foi muito bom ter deixado de ser o Antônio Carlos para ser o pai da Gloria Pires!*", declarou o ator na época.

"*Dancin' Days* foi muito importante para mim, tinha uma proposta inovadora. O Daniel Filho, um ano antes, tinha produzido uma novela que eu não assisti, mas que tinha uma temática muito boa e interessante, *Espelho Mágico*. Os bastidores de uma telenovela eram mostrados dentro de outra. Só que, mediante tanta novidade, talvez as pessoas não estivessem preparadas para isso. E veio *Dancin' Days*. O Daniel e o Gilberto Braga souberam, com maestria, traçar uma ponte entre essa inovação e a aceitação do público. A novela tinha a parte dramática, mas abordou outros temas como o personagem do Fagundes, o Cacá, que era rico, jovem, bonito e fazia análise! Foi uma novela interessante, transgressora, deliciosa de fazer. E me rendeu muito aprendizado. Lembro que o Daniel perguntou para mim, numa gravação: "*Você coloca os pés no sofá, quando senta?*". Respondi que não. Ele, abismado, repetiu a pergunta. E eu neguei novamente. Ele, taxativo: "*Mas aqui você vai colocar, pois você é jovem, e jovem coloca os pés no sofá quando senta. Mesmo você sendo uma jovem com cabeça de velha, vai sentar assim!*"

O marco deixado por *Dancin' Days* não foi só a ascensão de Gloria Pires e Lauro Corona como o mais belo casal jovem da tevê brasileira, e sim a amizade entre eles. "Inicialmente, tínhamos um clima de disputa, mas que nunca foi maléfico. Era uma competição natural. Éramos muito jovens e nos agarramos àquela oportunidade com unhas e dentes. Com o tempo, entretanto, isso deixou de ser importante e ficamos cada vez mais próximos. Gostávamos de conversar, de estar juntos. E acabamos

© Divulgação - Cedoc/Rede Globo

1978. Em Dancin' Days, Gloria era a mimada Marisa.

desenvolvendo um código muito nosso. Ficamos vizinhos, o que estreitou ainda mais a nossa relação. Era uma delícia estar na companhia dele. Conviver com Lauro foi maravilhoso. Nossa amizade ficou muito íntima e fraternal. Éramos completamente diferentes, mas tínhamos confiança e segurança um no outro. Havia algo que nos unia e que não sei explicar."

O casal formado por Gloria Pires e Lauro Corona era aclamado pelo público, principalmente da mesma faixa etária.

1978. Gloria Pires e Lauro Corona, no intervalo da gravação de "Dancin' Days", com o bebê que deu vida a Edgar, filho do casal na novela.

A coqueluche do momento, diziam as manchetes. A música-tema dos jovens era *João e Maria*, interpretada por Chico Buarque e Nara Leão. Aproveitando os personagens Marisa e Beto, a equipe de produção do Fantástico convidou a dupla para gravar o clipe. Convite aceito, Gloria e Lauro, após um dia inteiro de gravações da novela, foram, em plena madrugada, aos estúdios da Som Livre.

"Morri de vergonha! Aliás, eu tinha vergonha de tudo: de cantar, de posar para sessões fotográficas... Mas precisava fazer, porque eram desdobramentos da minha carreira. Era um suplício, eu não era uma pessoa desenvolta. O que para outras pessoas seria uma curtição, um barato, para mim era terrível!"

A repercussão da novela favorecia ao elenco ser habitualmente convidado para festas particulares e públicas. Numa delas, aniversário de Daniel Filho, a comemoração durou três meses.

Lauro desenvolveu um senso de proteção imenso com Gloria. Todo cuidado era pouco por ela ser menor e filha de Antônio Carlos. *"Não sei como ela conseguiu conviver com esse mundo artístico sendo tão jovem. Saíamos das boates com o dia raiando e a Glorinha junto. Recordo de uma festa em Petrópolis, com ela cuidando de mim, do Lauro e de uma amiga nossa, no final. Foi na casa dessa amiga que todos nós dormimos. Estávamos completamente bêbados e ela era a única sã ao nosso lado!"*, lembrou Daniel Filho.

Lauro a apelidou afetuosamente de *Vó Glorinha*. "Ele dizia que eu era sábia, embora fosse a mais nova da turma. O

Lauro achava que eu tinha uma postura séria como uma vovó, mas não no sentido depreciativo. Ele fabulava, em suas imagens inteligentes e engraçadas: "*Lá vem a Vovó Glorinha, devagarzinho na charretinha, passando por todo mundo!*"

Pouco antes de Gloria completar 15 anos, Antônio Carlos e Dona Elza, amigos do dono da boate New Jirau, planejaram uma festa com o elenco, os familiares e os amigos, uma vez que seguir a tradição dos bailes de debutantes não era o que Gloria queria.

O Juizado de Menores, entretanto, vetou sua entrada na casa de dança, considerada inadequada para menores. "O meu pai foi lá, conversou, disse que ele e minha mãe estariam presentes, e que seria uma festa fechada para familiares e amigos. Só assim, o Juizado liberou. Por pouco não fui barrada em meu próprio baile."

Por causa da novela, choviam convites para eventos de todos os tipos. A marca *Ellus* havia contratado Gloria e Lauro para doze desfiles e shows pelo Brasil. Tudo ia bem, até chegarem para um desfile na Discoteca Jambalaia, em Belo Horizonte. Por se tratar de um desfile feito numa discoteca, local entendido como "impróprio" para menores, os agentes da Vara da Infância e Juventude conduziram-na de volta para o hotel onde estava hospedada.

Revoltada, Gloria extravasou: "O Juizado de Menores deveria se preocupar em cuidar dos menores abandonados que perambulam pelas ruas, usando drogas, passando fome e enfrentando madrugadas frias."

Por ter feito críticas ao sistema escolar em suas entrevistas, Gloria surpreendeu-se quando o Juizado de Menores tomou uma medida extrema de proibição, impedindo-a de conceder entrevistas por um bom tempo.

Após o folhetim, em 27 de janeiro de 1979, Gloria e Lauro receberam o convite para gravarem um episódio do extinto seriado *Aplauso*, na Rede Globo. O título era *O homem pálido.* Nele, Gloria interpretou uma menina caipira, e Lauro, um vilão.

© Divulgação – Cedoc/Rede Globo

1979. Série Aplauso: O Homem Pálido.

Uma Cabocla Cosmopolita

Amar é ter dificuldade
em explicar o amor.

Embora a amizade entre Gloria e Lauro se perpetuasse, seus caminhos profissionais se descruzaram. Ela foi convidada a protagonizar a próxima novela das seis, *Cabocla*, de Benedito Ruy Barbosa, inspirada no romance de Ribeiro Couto. O convite surgiu por intermédio do próprio autor: Gloria seria sua protagonista. No entanto, antes de aceitar o papel, ela e o pai foram negociar seu contrato com um dos diretores financeiros da emissora.

Gloria acabou por deixá-lo falando sozinho quando viu seu pai, que a ajudava nas negociações, ser humilhado. Mas eles a queriam. E a convocaram de volta para renegociar.

Herval Rossano estava voltando para a Globo, com muita vontade de trabalhar e *mostrar o que sabia fazer*, como era o seu lema. Ele se reuniu com Gloria, e lhe explicou o perfil de Zuca, sua personagem. "*Olha, eu tenho certeza que você vai fazer um bom trabalho, porque você tem garra! E eu também estou com muita gana! Portanto, não tem como dar errado!*", alegou Herval, ainda meio inseguro.

Apesar de não questionar o talento e a capacidade de Gloria, e ter acompanhado o seu desempenho em *Dancin' Days*, Herval a achava muito urbana para viver aquela mocinha do interior da década de 20. Mário Lúcio Vaz, diretor-executivo da Globo, a quem Gloria sempre considerou como padrinho artístico, e que a havia dirigido em *Chico City*, incentivou a escolha de Herval: "*Faça com ela, sim! Você vai ver como ela será capaz.*"

O problema inicial, surgido em *Cabocla*, era a diferença física entre Gloria e Zuca. Gloria precisava ser mais morena. Para isso, ela se submetia diariamente a uma longa sessão de maquiagem no rosto, pescoço, braços e pernas; os cabelos deveriam ser cacheados; o medo de andar a cavalo também foi um pesadelo (do qual ela só se livrou em *Memorial de Maria Moura*, 15 anos mais tarde). Herval achava que a personagem cavalgava como se respirasse, porém não houve tempo suficiente para que Gloria superasse o medo que sentia cada vez que se aproximava do animal. Com as gravações já adiantadas, e reparando no profissionalismo de Gloria, as inseguranças de Herval foram dissipadas e o respeito cada vez mais conquistado.

A novela, que estreou em 4 de junho de 1979, girava em torno de um amor quase impossível. O jovem Luís Jerônimo

© Arquivo Pessoal

1979. Como Zuca, em Cabocla, sua primeira protagonista.

© Arquivo Pessoal

1979. Aniversário de 16 anos de Gloria, nos bastidores de *Cabocla*. Na foto estão Ricardo Celano (Camareiro), Gloria, Cosme dos Santos e Lauro Corona, que fazia a novela "*Baila Comigo*".

(Fábio Júnior) deixou o Rio de Janeiro e foi para a Vila da Mata, uma cidade localizada nos confins do Espírito Santo, em busca da cura para a sua pneumonia. Lá, conheceu a cabocla Zuca. Devido à sua grande paixão pela morena — e dela por ele — Luís Jerônimo passa a enfrentar todo tipo de preconceito.

Cabocla não era apenas uma novela rural. Retratava a época dos primórdios da emancipação feminina e a luta do homem no campo contra os coronéis todo-poderosos. A política não foi abordada muito claramente devido à censura então vigente. A cidade era retratada como o império urbano das grandes ideias e invenções. O campo era atraente, pela vida simplória e pelos sentimentos puros das pessoas.

A própria vivência interiorana de Benedito Ruy Barbosa contribuiu bastante para a criação do clima do romance e das realidades abordadas. Um dos cenários escolhidos foi a fazenda Indiana, localizada no quilômetro 31 da antiga estrada Rio-São Paulo, embora o romance originalmente se situasse na divisa entre os estados do Espírito Santo e Minas Gerais. A novela teria exatamente 80 capítulos, porém o bom índice de audiência — com média de 40 pontos — fez com que o número de capítulos aumentasse.

No lançamento da novela, Herval a levou para um espaço mais reservado e confidenciou com orgulho, que ela conseguira criar a Zuca brejeira e ligeiramente sensual, que ele almejava. "Este comentário foi muito além de um elogio para mim, e me deu muita força para levar a novela até o fim. Era um trabalho difícil. Era muito tímida e, naquela época, não havia os preparadores de elenco, que dão suporte nas mais variadas vertentes da atuação, como a prosódia, por exemplo. O Benedito escrevia num caipirês paulista e eu sou carioca. Se não tivesse um papel oposto, logo depois de *Dancin' Days*, talvez ainda demorasse para a minha carreira decolar. A responsabilidade de protagonizar uma novela também foi um importante desafio."

Havia dias em que os atores enfrentavam a maratona de gravar cerca de 50 cenas ininterruptamente, comprovando o intenso ritmo de trabalho de Herval. *Workaholic* assumido, o diretor chegava no dia seguinte com todas as cenas *decupadas*, ou seja, com os enquadramentos de câmera definidos em cada sequência de cena.

Apesar de todo o ritmo puxado, sua preocupação com a qualidade, a fotografia, o cenário e a aparência dos atores era grande. E conseguia gravar as inúmeras cenas sem passar do horário previsto. Nunca precisava estender o trabalho até a madrugada, pois ele respeitava o horário dos atores. "Foi uma grande escola trabalhar com ele."

Durante a gravação de uma cena, Gloria corria pelo campo, quando pisou em falso, causando uma luxação numa das pernas. Ainda conseguiu finalizar a cena e foi encaminhada ao hospital. A insuportável dor mal a deixava encostar o pé no chão. O médico a imobilizou, engessando-a e requisitando repouso absoluto. "Aquilo me deixou perturbada. Rapidamente, resolvemos a questão. Tomando analgésicos, gravei as cenas posteriores da cintura para cima, por quinze dias. E permanecia sentada, com a perna estirada, nos intervalos."

Paralelamente à novela, Gloria foi convidada por um grupo de amigos — os mesmos com quem badalava nas boates — a encenar a peça *Era uma vez uma gata*, de Sérgio Carvalhal. Por não ter experiência teatral, Gloria ficou empolgada por debutar entre amigos. Na peça, Gloria era uma gata vilã. O espetáculo ficou em cartaz no Teatro América, na Tijuca, Zona Norte do Rio. No elenco, Gloria Pires, Tânia e Tony Nardini e Cláudia Carvalhal, entre outros. Ela se preparou com as aulas de jazz de Nádia. Além de atuar, cantava e dançava no palco. Os figurinos — que encantavam Gloria — foram assinados por Marco Aurélio, renomado figurinista que inovou a vestimenta das atrizes e modelos nos programas humorísticos da época.

Antes de cada apresentação, o grupo se reunia calorosamente para a caracterização de felino e ensaiava as coreografias. "Era divertido porque o elenco era de amigos. As músicas eram legais e o figurino, lindo! Um musical muito bonitinho! Foi muito bom ter participado, mas ficou muito complicado dar continuidade porque eu gravava a novela aos sábados e não conciliava com o horário do espetáculo."

O infantil teve boa repercussão e foi bem aceito pela crítica. Uma delas dizia que *agradava as crianças de 8 a 80 anos.* Outra, como *sendo digna de um prêmio Molière.* Apesar do saldo positivo, Gloria só participou do espetáculo durante três finais de semana.

Seu ascendente sucesso fez com que a revista *Playboy* a procurasse, oferecendo-lhe uma boa quantia para posar nua.

"Não tinha idade para isso e, mesmo assim, não tinha nada a ver comigo."

O amor também chegou de forma precoce na vida de Gloria. Fábio Júnior, seu par romântico em *Cabocla*, passou a ser seu par na vida real.

Um dos tópicos abordados na imprensa era a diferença de idade que somava 10 anos, mas que jamais se transformou em empecilho para nenhum dos dois. "Amar é ter dificuldade em explicar o amor. É um sentimento para ser vivenciado e nunca definido", declarou Gloria à imprensa, assim que a notícia do romance veio à tona.

A certa altura do enredo, já envolvida com Fábio, fato desconhecido das pessoas, Gloria e Roberto Bonfim, que interpretava Tobias, o noivo de Zuca, beijavam-se. "Foi uma saia-justa porque eu não sabia lidar com isso, com o fato de estar namorando um e ter de beijar o outro. Ficava rezando para que esse noivado do Tobias com a Zuca terminasse logo."

Na última semana da novela no ar, em dezembro de 1979, todos se assustaram quando Gloria foi internada às pressas na Casa de Saúde São José. O diagnóstico: estresse, ao ponto de ter convulsões e febres altíssimas. Em virtude disso, Gloria permaneceu internada, sem poder gravar as cenas finais da novela.

A solução foi arranjar uma dublê. Domingos Marques, tio de Gloria, era o assistente de produção da novela, lembrou-se de Christiane Grossi, uma amiga, e a quem todos perguntavam se eram irmãs, devido às compatibilidades que a amizade traz. Para não quebrar o encanto do final da novela, e evitar rumores,

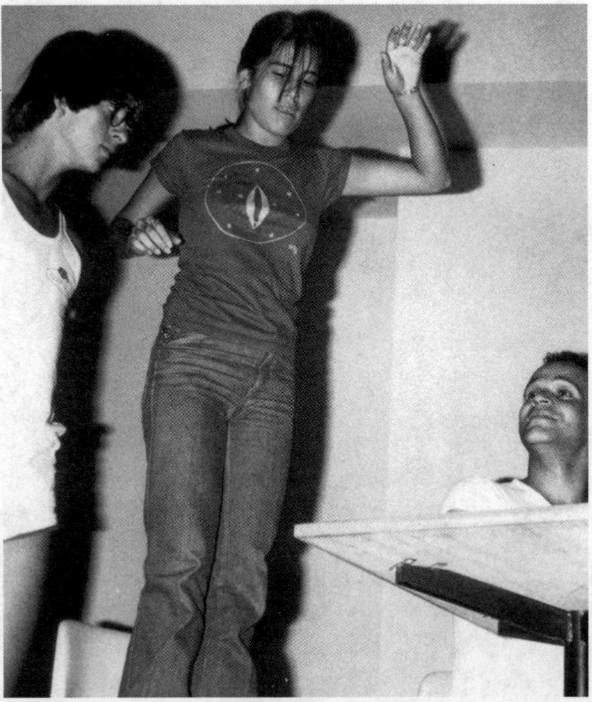

© Arquivo Pessoal

1979. Gloria no ensaio da peça "Era Uma Vez Uma Gata", em que atuou por três finais de semana somente.

Herval Rossano proibiu a dublê de conceder entrevistas antes e depois das gravações, nem de ser fotografada com a caracterização de Zuca.

Assim que as gravações terminaram, Christiane e Domingos foram até o hospital visitar Gloria e contar-lhe sobre a bela homenagem que o elenco, a produção e a direção lhe prestaram, com uma salva de palmas!

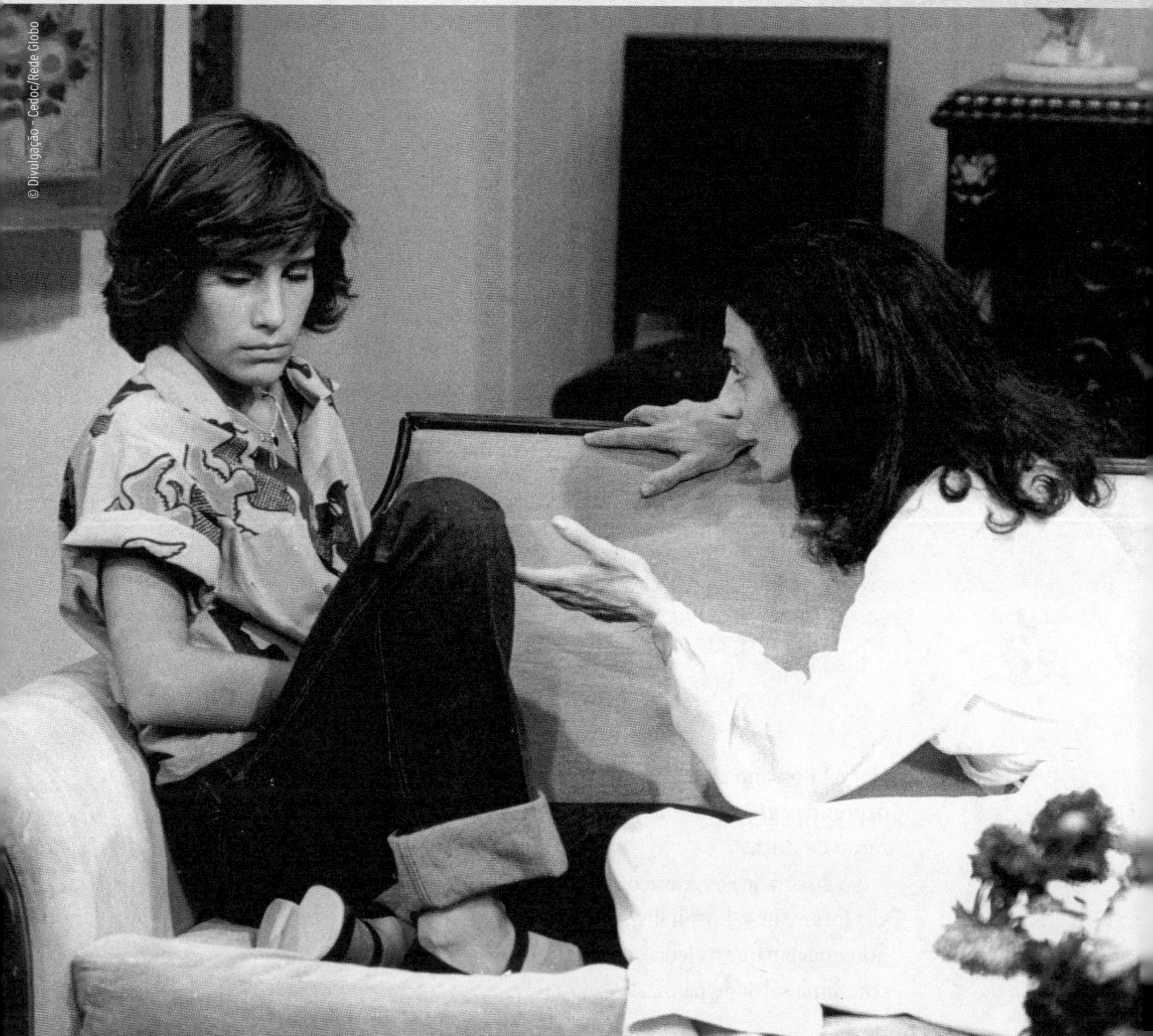

O Início da Década Perdida

Sucesso é uma coisa bem
misteriosa para mim.

"Não sei qual é a fórmula do sucesso e nem como ele acontece. Se é sorte ou dedicação — e acredito ser uma junção de ambos — não sei. Sucesso é uma coisa bem misteriosa para mim. O mais importante, porém, é a seriedade com que você faz seu trabalho, porque tem uma hora em que ele sobe à cabeça e mexe com a vaidade, o ego cresce. É o momento em que todos correm atrás de você, te acham lindo, maravilhoso, genial, a pessoa mais talentosa do mundo. Aí é quando não se pode acreditar nisso tudo."

Revigorada, depois de dois meses em recuperação, Gloria retornou à tevê, em horário nobre, interpretando a jovem Sandra Fragonard, filha de uma mãe muito refinada e de um pai que alcançou prestígio social e fortuna como um famoso cirurgião plástico. Por ser filha única, Sandra era mimada e carente.

Era a nova novela, *Água Viva*, nos primórdios dos anos 80, e sua segunda parceria com Gilberto Braga.

Lucy (Tetê Medina), a mãe de Sandra, morreu numa explosão de lancha, deflagrando uma crise emocional na menina. Gilberto, mais uma vez, quis mostrar que o dinheiro nem sempre está associado à felicidade, e que, mesmo uma jovem que parece ter tudo, não tem o que mais importa: amor. Tempos depois, seu pai, o médico Miguel Fragonard (Raul Cortez) foi encontrado morto. O assassino era Kléber Simpson (José Lewgoy), pai de Bruno Simpson (Kadu Moliterno). Amadurecidos e unidos por tanto sofrimento, Sandra e Bruno descobrem o amor.

Continuando a estratégia de marketing iniciada em *Dancin' Days*, de lançar moda através das novelas do horário nobre, os barcos lasers — novidade mostrada na abertura da novela — também foram inseridos no enredo, como *hobby* de Marcos (Fábio Júnior), paixão platônica de Sandra.

Gloria não tinha nenhuma prática em esportes aquáticos, mas no dia da gravação de uma cena, um dos velejadores deu-lhe uma rápida orientação: *"A vela se movimenta quase que o tempo todo. Quando sentir que a vela está vindo para a sua direção, você se abaixa e passa rapidamente para o outro lado, senão ela bate na sua cabeça e você pode desmaiar!"*.

O dia não estava propício para iniciantes, com muito vento e águas agitadas. Gloria pensava ironicamente: "Que coisa incrível! Justamente no meu dia acontece este tempo lindo!". Iniciada a gravação, com o barco em movimento, ela

1980. Com Maria Padilha, numa gravação de Água Viva, na Marina da Gloria, Rio de Janeiro.

e Fábio Júnior estavam "curtindo" o passeio, aconteceu o que mais temia: com o intenso movimento da vela, Gloria calculou mal, mudou de lado indevidamente e o barco virou com a vela sobre ela, deixando-a submersa na Lagoa Rodrigo de Freitas, altamente poluída. "Foi horrível! Ninguém imagina o que era estar dentro daquela água imunda! Eu abria os olhos e não via nada, que nojo!"

Perto do fim da novela, Gloria e Kadu Moliterno foram gravar na Praia do Leblon a cena final de seus personagens. Na marcação, Gloria viria correndo de um lado da praia; e Kadu, do outro. Eles se abraçariam e rodariam juntos, caindo na água, numa clássica cena romântica. O diretor Paulo Ubiratan cortaria a cena nesse ponto e daria a continuidade com ambos emergindo da água e se beijando.

Seguiram as instruções de Paulo Ubiratan, que os dirigia usando um megafone: "*Vai, agora, vai mais! Abaixem-se! Gravando!*". Sem perceberem, eles iam, aos poucos, afastando-se da orla para mar adentro. Até que não mais ouviram as instruções dadas por Paulo, apenas seus movimentos, gesticulando ao longe, da areia. O mar estava de ressaca e havia criado uma vala, que, com a força das ondas, os impedia de saírem. Kadu, entretanto, levava uma vantagem: era surfista.

Estavam de tênis, calça jeans e camiseta, o que dificultava ainda mais suas tentativas de locomoção na água. Kadu, mesmo sendo veterano do mar, ficou assustado, principalmente por ter Gloria ao seu lado e saber que ela não tinha experiência naquele tipo de situação.

© Divulgação – Cedoc/Rede Globo

1980. Bastidores do quase afogamento de Gloria Pires e Kadu Moliterno, em Água Viva.

© Divulgação – Cedoc/Rede Globo

1980. Ensaio feito na época de Água Viva.

Apavorada, ela repetia a todo instante: "Kadu, vamos sair daqui! Eles não estão nos ouvindo mais e nem nós a eles, vamos sair!". Gloria já não coordenava suas braçadas. Kadu sugeriu que ela segurasse em suas costas. "Eu me agarrei a ele e só assim conseguimos sair. Estávamos tensos e exaustos." Na praia, sã e salva, Gloria tinha a sensação de que havia escapado do pior por pouco.

Água Viva era uma novela charmosa, que intencionava retratar os contrastes sociais da classe média alta que vivia na orla. O último capítulo foi ao ar em 9 de agosto de 1980.

1981. Gloria Pires, Nádia Lippi e Maitê Proença, as protagonistas de As Três Marias.

1981. Gloria em cena como Maria José, da novela As Três Marias.

1981. Em cena, na novela As Três Marias.

1980. LP Coração - Capa com dedicatória para a irmã, Linda.

Para cumprir um contrato firmado entre seu pai e a gravadora RCA Victor, antes mesmo de *Dancin' Days*, ela gravou um compacto contendo duas canções. As músicas eram *Coração*, de Fábio Júnior e Heraldo, que dava nome ao disco, e *O véu desse céu*, de Reina, Brenda e Tony Osanah. A produção foi de Márcio Antonucci e o arranjo e a regência de Eduardo Lages.

"Amo música, mas nunca quis realmente ser cantora. Meu pai, talvez seguindo os padrões internacionais da época, achava que um ator tinha de saber dançar e cantar. Meu pai me agenciava e achava necessário. Eu não queria, na verdade, achava aquilo 'um mico', mas ele argumentava que era importante eu gravar um disco, porque seria um documento e as pessoas saberiam que eu também era capaz de cantar. Por fim, ele me convenceu, e, visto por aquele prisma, achei que poderia valer a pena".

Cerca de um mês e meio após o término de *Água Viva*, Gloria foi convidada por Herval Rossano para protagonizar, ao lado de Nádia Lippi e Maitê Proença, *As Três Marias.* A Rede Globo estava confiando a Wilson Rocha a missão de atualizar e transformar em novela o livro de Rachel de Queiroz, escrito em 1939. E Wilson inaugurava a carreira de autor.

"A proposta de *As Três Marias* era das melhores. Infelizmente, a novela fracassou. A meu ver, a mudança de época foi fatal para a trama. Em 1939, uma moça solteira que ficasse grávida era o fim para a sociedade. Houve também a saída do Wilson. Depois, Walther Negrão assumiu e chegou um momento em que até o Herval escreveu a novela."

Walther Negrão transformou-a numa trama policial, conseguindo elevar os índices de audiência. A novela abordava a história de seis jovens, Maria José, Maria Augusta, Maria da Gloria, Teresa, Jandira e Aurinívea, que durante um determinado momento de suas vidas, estiveram muito próximas. Formaram o grupo de brasileiras de um famoso colégio na Suíça, o Villmont.

Brincadeiras, confidências e companheirismo eram o que mantinham a amizade entre elas. Dentro do próprio grupo, outro se formava: o das Três Marias, apelido colocado por uma das freiras do colégio. O nome fazia uma alusão à constelação. Maria José (Gloria Pires), Maria da Gloria (Maitê Proença) e Maria Augusta (Nádia Lippi) eram as integrantes. O tempo do colégio chegou ao fim e elas voltaram ao Brasil. Não mais se encontrariam. Porém, os laços de amizade não foram desfeitos e, em 1980, Teresa resolveu procurar as amigas, em busca de conforto para um problema grave — sua gravidez —, mas sem obter sucesso até que, com sua morte, promove o reencontro e o desenrolar da trama.

Maria José era uma jovem rígida que não se permitia muitos avanços. Foi para um internato suíço depois da separação dos pais. Sua vida era a mãe, o irmão e a escola, onde trabalhava como professora primária. A princípio, Gloria encontrou dificuldades na composição da personagem, que se vestia e se portava diferente das meninas de sua geração. Gloria buscou um gestual mais comedido e cortou as gírias. A personagem era mais velha do que ela e a utilização de óculos emprestava-lhe um ar de maturidade.

"Aprendemos muito nessas empreitadas malfadadas, se tivermos a humildade de querer aprender, é claro! Dei muita sorte porque sempre me propuseram coisas bem diferentes na tevê, e isso me trouxe oportunidades de me explorar também! Nem todas as novelas foram maravilhosas, mas eu aproveitei cada personagem, pois para mim era como um laboratório, uma nova possibilidade. Hoje, existem os preparadores de elenco, que nos Estados Unidos existem há muito tempo, mas nós não tínhamos isso aqui. O trabalho do ator era muito sozinho, muito ele com ele mesmo, muito ele com sua capacidade, curiosidade e pesquisa pessoal. Hoje, quando começa uma novela, já tem toda uma equipe que vai te dar um apoio: a fonoaudióloga, o preparador corporal, o coach de interpretação. É legal que tenha isso, pois as pessoas precisam de um suporte, mas na minha época não havia. Cada personagem que me surgia era um convite para uma nova pesquisa."

Você não vai esquecer esta história de amor
GLÓRIA PIRES
pela primeira vez no cinema
NUNO LEAL MAIA
ÍNDIA
A filha do Sol
Ele, aventureiro e sem destino. Ela, uma mulher apaixonada. Você não vai esquecer esta história de amor.
Um filme de FÁBIO BARRETO
Baseado no conto de Bernardo Elis
Música de CAETANO VELOSO
Censura 16 ANOS
SEM CORTES
A partir de agosto, nos melhores cinemas do país

A Filha do Sol

A princípio, somos a caça, mas a revanche é
quando nos tornamos o caçador!

Após o término de *As Três Marias*, Gloria embarcou para Nova Iorque, para descansar por uma semana. Na volta, aguardavam-na o seu primeiro longa-metragem e um corte tigela no cabelo negro, revelando um trabalho que se destacaria, talvez como um dos mais memoráveis de sua carreira: a nativa Putkoy, do filme *Índia, a filha do Sol*, baseado na obra de Bernardo Élis.

O convite havia sido feito por Fábio Barreto, concomitante às gravações da novela *Água Viva*. O filme marcaria, também, a estreia de Fábio Barreto em longas-metragens, porém, por ter sido escalada para *As Três Marias*, ela só estaria liberada para as filmagens após a conclusão do folhetim.

Interpretar uma índia, para Gloria, além do exotismo da personagem, era um retorno às suas origens. Sua avó materna, Otávia Dias Moreira, era neta de uma índia com um português.

"É um filme especial e inigualável. Até então, minha vivência artística se resumia à tevê e não tinha nenhuma ideia de como era trabalhar em cinema. Foi uma tarefa muito dura, mas também inocente e enriquecedora, que jamais esquecerei. Todas as pessoas envolvidas estavam com tanta vontade de trabalhar nele, que resultou numa obra maravilhosa."

A precisa fidelidade de Fábio Barreto em relação ao romance de Bernardo Élis deixou a obra atemporal. O filme narra a comovente história entre um cabo do Exército, Silvério (Nuno Leal Maia), encarregado de fiscalizar as corrupções de um garimpo, ao se deparar com a índia Putkoy; o choque cultural que acontece entre os dois acaba de maneira trágica, cristalizando a forma com que o branco, colonizador, aniquila outras culturas.

A produção viajou e se instalou por dois meses nos confins ressequidos da Ilha do Bananal, hoje Estado do Tocantins, um recanto paradisíaco e selvagem; e na cidade de Goiás Velho, em Goiás.

Para evitar novos problemas com o Juizado de Menores, Gloria, com 17 anos, foi acompanhada por seu pai, que interrompeu as suas atividades na capital carioca. Antônio Carlos esteve presente em todos os dias de filmagem e, assim como ela, integrou-se rapidamente à equipe.

Como toda jovem, Gloria vivia uma turbulenta vida entre o ofício e a diversão, no Rio de Janeiro. Saía todas as noites, às vezes, direto da boate para gravar. Quando não estava dançando, era previsível encontrá-la no Roxy Roller, estrutura montada na Lagoa Rodrigo de Freitas, para patinação. Seu ritmo mudou drasticamente ao se instalar em Goiás. Não havia nada para fazer, a não ser ouvir músicas do seu *walkman*, na tentativa de romper a monotonia do lugar. "O *walkman* só me consolou na primeira semana. Depois, ficou esquecido num canto, porque realmente não tinha som melhor que o da natureza."

No primeiro dia de filmagem, Gloria e a equipe acordaram às cinco horas da manhã. Todos estavam famintos e, no café da manhã, típico de fazenda, havia mandioca, requeijão e coalhada. A equipe se deliciou com as iguarias, com exceção de Gloria, que se ateve às frutas. E se salvou, pois o resultado final foi uma diarreia coletiva. "Ninguém estava acostumado com aquele leite forte. Ficamos três dias sem filmar, para que o pessoal se recuperasse."

A primeira sequência recheou-se de pequenos transtornos. O diretor de arte do filme, atento às fotos de índias na lida, queria que Gloria carregasse um balaio sobre a cabeça, contendo uma penca de bananas — verdadeiras —, que pesava em torno de 10 quilos. Ainda preso à imagem das fotos, ele achava que ela deveria estar descalça. Para piorar, a veadinha de estimação da personagem, na verdade se estressava com a proximidade da multidão do *set*. Resultado: a sequência foi repetida incontáveis vezes, e Gloria andou descalça, sendo "arrastada" pelo animal e com o tal balaio sobre a cabeça, que, por fim, estava cheio de jornal com apenas algumas bananas por cima. À noite, Gloria nem conseguia sair do quarto do hotel, tamanha a exaustão e bolhas nos pés.

"Minha vida inteira gostei de bichos. Tive muitos gatos, cães, um pato e um porquinho-da-índia. Mas tudo aquilo era selvagem demais para mim. Foi um contraste com a época em que eu mais badalava no Rio, e de repente me relacionei com um mundo completamente oposto, silvestre. Lembro-me do baixo-astral em que eu ficava, muito insegura, achando que, sinceramente, não iria conseguir, que tinha feito uma escolha errada."

Ela completou 18 anos em meio às filmagens. Uma notícia derrubou o animado clima de todos: o falecimento do cineasta e ícone cinematográfico Glauber Rocha, vítima de septicemia. A equipe enlutou, especialmente Fábio Barreto, que suspendeu a filmagem naquele dia.

De folga, tentando se animar, Gloria foi à cidade e comprou um tecido, pedindo à costureira do filme que lhe fizesse um vestido, uma espécie de quimono, para vestir em seu aniversário. "Por incrível que pareça, não achei ruim passar a data somente com o meu pai, e ainda trabalhando. Foi uma comemoração solitária e tranquila."

No dia seguinte, todos foram cumprimentá-la e perguntaram esfuziantes se ela havia gostado da surpresa que fizeram. Gloria não entendeu, e, sem saber de nada, perguntou do que se tratava. Notou que todos se entreolharam, constrangidos. E a explicação foi mais divertida que a surpresa em si: uma turma de jovens da região mantinha o costume de fazer serenatas. Quando souberam do aniversário de Gloria, resolveram homenageá-la com uma serenata, à noite, na janela do seu quarto no hotel. Só que a fizeram na janela errada!

"Coincidentemente, anos depois, o diretor do SEBRAE de Goiânia me interrogou se me recordava dele. Disse que fez parte da serenata errada dos meus 18 anos! Rimos muito daquele engraçado episódio. Ele era o violeiro e cantor da seresta."

Partiu de Gloria a sugestão de chamar Caetano Veloso para cantar e compor o tema do filme. Fábio o convidou. A escolha foi certeira, dado o surgimento da bela composição *Luz do Sol*.

Se a bela parceria entre os estreantes garantia ótimos resultados, as divergências não poderiam faltar. Numa sequência em que Putkoy é devolvida à sua tribo, Fábio planejou um *travelling* de Gloria remando rio acima, numa canoa indígena; seria lindo, se ela soubesse remar e conseguisse, ao menos, se equilibrar dentro dela. "A canoa dos índios é boleada no fundo, requer muito equilíbrio. Imagina, nunca havia visto um remo na vida, quanto mais remar contra a correnteza!"

Fábio insistiu mesmo assim. Lucy Barreto, que era coprodutora, deu total apoio à Gloria, afirmando que seria loucura e arriscado para ela, e sugeriu uma dublê. O palpite foi acatado. Arranjaram uma dublê índia, que tinha total habilidade, e a intriga foi encerrada. "O Fábio tem essas cismas, mas ele é muito amoroso!"

A convivência com os índios foi algo extremamente transformador. "Eles me chamavam de *Tori Golorinha*. Estar com uma pessoa ao seu lado e não ter que puxar assunto para usufruir daquela companhia foi o que eu aprendi com os índios. Ter o prazer de estar com alguém em pleno silêncio, numa espécie de

1981. Filmando Índia, a Filha do Sol em Goiás Velho, no Estado de Goiás.

comunhão, apreciando aquela paisagem maravilhosa, nadando no rio ou tomando sol. Aprendi a estar na natureza, fazer parte dela sem precisar de uma música, de um holofote ou de uma cerveja. Estar lá é ter o prazer disso. Havia o Cubirrete, um índio muito engraçado. Ele era gordinho e tinha perdido a metade de um braço numa serra elétrica. Tinha também o Saburuá, que aparece numa cena cantando comigo. E uma índia que não me lembro o nome, era ela quem fazia a cuidadosa pintura indígena em mim. Quando fui para Goiás Velho, ela me presenteou com um dente de animal pintado por suas mãos. Foi incrível conviver com jovens da minha idade fazendo parte de uma cultura tão diferente. Foi uma situação que certamente não aconteceria se não fosse por meio do meu trabalho."

O estilo de vida simples e autêntico dos indígenas fascinou Gloria pela quantidade de experiências que as pessoas urbanas nunca viveriam, comparado ao tipo de vida que os índios nem cogitavam existir na modernidade, e muito menos sentiam falta. Alimentação, vestuário, diversão e toda uma cultura construída a partir de seus ilimitados conhecimentos e contatos naturais.

"Ser mãe sempre foi uma vontade. Não sabia quando seria, mas sempre quis ter filhos. E esse insight surgiu durante as filmagens. Ali, eu senti alguma coisa dentro de mim me chamando para a maternidade. As crianças curumins correndo atrás de mim; as mães alimentando seus filhos ou oferecendo-lhes o peito num gesto muito puro; tomando banho de rio juntos. Os homens levando os meninos para aprender a caçar e pescar. Uma rotina que, inevitavelmente, fez aflorar em mim o instinto materno."

A amiga e também atriz Narjara Turetta, que habitualmente passava os finais de semana na casa de Gloria, partilhou da desconfiança da amiga de estar grávida. Ao descobrir que o bebê era uma menina, não demorou muito a escolher o nome. Ela se chamaria Cleo, cujo significado, em grego, é glória, semelhante ao seu nome. Fábio se opôs. Relutou, achou feio, dizendo que parecia nome de homem. Depois cedeu.

"Passei uma gravidez coberta de ansiedade e expectativa. Queria parir a Cleo de cócoras, por isso, procurei o Dr. Fernando Estellita Lins, um dos dois obstetras especializados nesse tipo de parto naquela época". Em 2 de outubro de 1982, no começo da tarde, nasceu Cleo, a primogênita dos quatro filhos que Gloria teria em sua trajetória de mãe. A filha completava a fileira de conquistas que Gloria acumulava desde então. "Por fim, ela veio ao mundo na Casa de Saúde Portugal, por cesariana mesmo, devido a complicações."

Quando Cleo completou cinco meses, Gloria raspou-lhe os cabelos. "Raspar a cabeça dos filhos, antes de eles completarem um ano, é uma tradição de família. Minha mãe dizia que era bom para renovar e fortalecer o cabelo da criança. Ela tinha raspado a minha e da minha irmã. Esperei a Cleo completar cinco meses e o fiz. Nessa idade, a moleira do bebê já está mais fechada e dá tempo de nascer cabelo novamente para as fotos da festa de um ano. Não tem relação alguma com as tradições hindus e nem indígenas."

Um Louco Amor

Tive de resolver meus atropelos sozinha.

Louco Amor era a produção que a Globo investia como a próxima atração das 20 horas, escrita por Gilberto Braga, feita às pressas para substituir *Sol de Verão*, que foi encurtada por causa da morte do ator Jardel Filho, e estreou num prazo mínimo de 30 dias.

Gloria foi escalada a integrar o elenco, ao lado de nomes como Fábio Júnior, Lauro Corona, Mário Lago, José Lewgoy, Tereza Rachel, Tônia Carrero, Bruna Lombardi, Reginaldo Faria, Antônio Fagundes, Nicette Bruno, Arlete Salles, Fernando Torres, Carlos Alberto Riccelli, Beth Goulart, Mauro Mendonça, entre outros.

Na noite de 11 de abril de 1983, a novela foi ao ar com bons índices de audiência — em torno de 56 pontos. O Brasil se envolvia na saga de Luiz Carlos (Fábio Júnior), o rapaz pobre e apaixonado pela jovem e rica Patrícia (Bruna Lombardi), humilhado pela madrasta e megera Renata Dumont (Tereza Rachel). Um dramalhão de muita categoria. Gloria interpretava Cláudia, uma jornalista recém-formada e repleta de juventude, na sanha de um emprego que mudaria sua vida. Apaixonou-se inicialmente por Felipe (Lauro Corona), mas foi com Luiz Carlos, antigo amigo de faculdade, que teve o seu *happy end*, ultrapassando as maldades de Renata — a verdadeira mãe do rapaz — e do alcoolismo do pai, o fracassado Alfredo (Fernando Torres).

A responsabilidade maternal e a expectativa profissional contribuíram para que, repentinamente, o leite de Gloria secasse, fato que muito a entristeceu. Sabia da importância da amamentação e não se perdoava por aquilo. "Foi difícil conciliar com uma filha de três meses em casa. Tive de resolver meus atropelos sozinha! Por sorte, morava com meus pais, que me ajudaram muito!".

Nélson Pereira dos Santos começou a produzir seu próximo longa-metragem, *Memórias do Cárcere*, que narrava os meses em que o escritor Graciliano Ramos (Carlos Vereza) esteve preso na Ilha Grande, durante o Estado Novo. E convidou Gloria para interpretar Dona Heloísa Ramos, esposa e cúmplice do escritor. "Só o fato de Nélson ter me convidado para o papel, já valeu tudo! Faria até de graça!"

A primeira fase foi filmada em algumas semanas em Maceió. Dona Heloísa Ramos, a verdadeira, em pessoa, visitou-a no *set* no primeiro dia de filmagem. Sua espontaneidade foi imprescindível para Gloria compor a personagem. "Ela foi maravilhosa. Conversamos intensamente sobre tudo. E ela me contou particularidades dela com o Graciliano, detalhes íntimos mesmo. Achei isso incrível!"

Durante a disputada pré-estreia do filme, Dona Heloísa sentou-se ao lado do escritor Ignácio de Loyola Brandão. Gloria localizou-se atrás deles, e observou com atenção quando Dona Heloísa, muito emocionada por ver a sua história transposta para aquela imensa tela, abriu a pequena bolsa, retirou algumas pílulas e as ingeriu. Eram seus remédios para controlar a pressão. Gloria, comovida, jamais esquecera a sensação de assistir a um filme ao lado da pessoa a quem interpretou.

Louco Amor terminou em 21 de outubro de 1983, deixando, no último capítulo, o final feliz dos personagens Cláudia e Luiz Carlos, porém, o relacionamento de Gloria e Fábio, seus intérpretes, acabou junto com a novela. Cleo havia completado um ano de idade.

No final de 1983, Gloria se encheu de coragem para corrigir um problema que a incomodava: suas gengivas. Consultou um médico maxilofacial da equipe do Dr. Pitanguy, que a examinou e alegou ter duas soluções para o seu problema: cortar a arcada dentária, fazer uma redução óssea e recolocá-los com pinos. Ela se alimentaria por seis meses com dietas líquido-pastosas, através de um canudinho. Claro que ela descartou a hipótese. A seguinte seria cortar a musculatura responsável pela suspensão do lábio. E ela aprovou. No entanto, a operação só lhe serviu para trazer dor e aborrecimentos. Com o tempo, a musculatura bucal se regenerou, tornando a cirurgia inútil.

Tempo de Bons Ventos

Gosto de batalhar, de lutar mesmo
para atingir meus objetivos!

Partido Alto, de Aguinaldo Silva e Glória Perez, estreou na Globo em 7 de maio de 1984. Gloria interpretava Celina, filha do bicheiro Célio Cruz (Raul Cortez), revoltada pelo fato de o pai ser um contraventor, casado com Izildinha (Célia Helena), esposa totalmente submissa. "Passava por um momento complicado. E me escalaram para a novela. Confesso que não fiquei empolgada pela personagem, mas acho que o trabalho sempre ajuda a segurar a cabeça!"

Celina tinha com Fernando (Roberto Bataglin) um namoro jovial e, num determinado momento, descobriu-se apaixonada pelo Professor Maurício (Cláudio Marzo). Ela se encontra num dilema crucial quando o professor é preso e condenado por um roubo de joias cujo verdadeiro autor era seu pai. Se falasse a verdade, inocentaria o professor e incriminaria o próprio pai.

"Sinceramente, não acredito que haja personagem ruim. Há personagens de menos peso numa trama, mas todos têm seu papel, ainda que a participação seja menor. Aquela novela teve oscilações confusas, mas em compensação, ganhei a oportunidade de trabalhar com atores maravilhosos: Célia Helena, Raul Cortez e Milton Gonçalves, que estavam muito ligados à minha personagem. Quase em todas as cenas, contracenava com um deles ou com o trio junto."

Mal topou a empreitada, Gloria foi surpreendida por um problema de saúde. Numa manhã de domingo, em julho de 1984, ela foi levada às pressas para a emergência da Clínica São Bernardo, na Barra da Tijuca, no Rio. Estava muito debilitada e amparada por Dona Elza. Os médicos de plantão que a atenderam requisitaram uma série de exames, desconhecendo a causa das fortes dores no corpo e na cabeça, que se espalhavam pelas articulações, precedidas por uma hemorragia que progredira desde a noite anterior.

A suspeita inicial era de estomatite. Com as complicações, a junta médica desconfiou se tratar de uma hepatite. Na evolução do quadro, cogitou ser uma apendicite. Muito fraca, Gloria se contorcia devido às incessantes dores na região abdominal.

Chamaram um cirurgião que desconfiou de uma gastrenterite e, com a chegada do ginecologista, foi feita uma punção no peritônio, para verificar se havia hemorragia interna. E Gloria sofreu um desmaio, seguido de vômito. Médicos e enfermeiros reconheceram a atriz que brilhava nas telas da tevê e do cinema, atualmente participando da novela do horário nobre.

Foi o Dr. Luís Germany Seibel que lhe salvou a vida. Tornou-se seu ginecologista desde então. “Naquela época, aos domingos, era impossível realizar uma ultrassonografia, o que impossibilitava de ter um quadro mais completo sobre o que poderia estar acontecendo comigo. Resolveram fazer uma cirurgia exploratória. E achei incrível o Dr. Seibel ter o cuidado de fazer a cirurgia usando a minha cicatriz da cesárea, fazendo o enorme corte longitudinal somente na camada interna do abdome. O diagnóstico, por fim, foi uma disfunção hormonal ocasionada por pílula anticoncepcional, que me fez receber duas transfusões de sangue.”

Gloria deixou o hospital numa quarta-feira de julho, com severas recomendações de repouso pós-operatório. No dia seguinte, entretanto, estava andando. E na segunda-feira, contrariando as solicitações médicas, foi a primeira a chegar à Marina da Glória, onde gravaram algumas das cenas externas de *Partido Alto*.

Sua decisão de voltar a atuar tão recentemente após a cirurgia surpreendeu uns e indignou outros. “Adoraria ficar descansando, mas a novela estava atrasada, e precisava gravar algumas cenas em externa e no estúdio, também.”

Nos intervalos, era cercada pelo amor e atenção que as camareiras lhe dispensavam. Elas improvisaram, com toalhas e cobertores, uma cama no chão do camarim, para seu repouso, fazendo-lhe compressas com água morna. “Amo as camareiras das novelas. Realmente são as pessoas que mais cuidam de nós. São nossa segunda mãe!”

1984. Gloria Pires como Celina Cruz, a jovem apaixonada pelo professor, em Partido Alto.

1985. Gloria como a heroína Ana Terra, da minissérie O Tempo e o Vento.

Sentia falta da filha e, por isso, levava-a consigo algumas vezes para as gravações. Os colegas de trabalho apelidaram Cleo de *Miss Sorriso*, porque a menina vivia rindo para todos. "Ela odiava ficar vestida e, quando eu ou a babá íamos trocar a sua roupa, saía correndo pelada pelos corredores!"

Em virtude do vigésimo aniversário da Globo, que se completaria no ano posterior, ela soube por Carla Camurati, então casada com Paulo José, que ele havia citado seu nome para fazer a fase jovem de Ana Terra, na minissérie *O Tempo e o Vento*, adaptada da obra de Érico Veríssimo por Doc Comparato e Regina Braga.

Disposta a obter o papel, ela correu à emissora ao encontro de Boni. Boni, tendo a confirmação de Paulo, diretor principal, em tê-la no elenco, encaminhou-a a Daniel Filho, que dirigia o núcleo da novela em que atuava. Temendo lidar com mais problemas, depois da saída de Aguinaldo Silva, Glória Perez resistia em liberá-la para a nova empreitada.

Gloria deixou claro a Daniel e Boni a importância que aquele trabalho teria para sua carreira. Explicou que gravava poucas cenas da novela, umas duas ou três vezes por semana.

Por fim, visto que não havia outra atriz com a idade e o físico para a personagem, Gloria recebeu o roteiro de Paulo José e logo partiu para a capital gaúcha, preparada para representar uma das personagens mais simbólicas da cultura sulista, ao lado de Tarcísio Meira, Mário Lago, Louise Cardoso, José de Abreu, Heloísa Mafalda e outros.

As primeiras externas da minissérie foram filmadas na Estância de Petin, em Guaíba, nas redondezas de Porto Alegre. O clima no decorrer das gravações era pacífico. No final do dia de trabalho, Gloria e Louise Cardoso faziam imitações e brincadeiras, garantindo o bom humor da equipe. A rotina de gravações começava precisamente às cinco da manhã, com madrugadas frias e geada, típicas do Sul.

Na sequência do estupro de Ana Terra, coube a Luís Fernando Carvalho, assistente de direção da minissérie, procurar figurantes que dariam verossimilhança à situação. Os mesmos operários, com quem tomava chimarrão, perguntavam-lhe: *"Deixa a gente participar? Nós gostamos muito da Glorinha e queremos estar na cena!*". Pediram também ao conterrâneo Paulo José, que cedeu.

Na história, bandoleiros invadiam a casa de Ana Terra e a rendiam. Embora não fosse mostrado o estupro em si, Denise Saraceni, que dirigia a cena, e Gloria, trabalharam com os figurantes improvisados, para que eles não se esquecessem do clima da cena. Depois de gravarem, os rapazes foram abraçar Gloria. E, emocionados, permaneceram abraçados a ela.

No fim de tudo, Gloria recebeu uma carta dos "novos atores", registrando e agradecendo os momentos emocionantes que passaram juntos. "Foi trabalhoso e gratificante!"

Partido Alto despediu-se do público em 24 de novembro de 1984.

O restante do ano e o início do ano seguinte resultaram em um merecido descanso para Gloria, ao lado dos familiares e da filha. Ela pôde realizar um sonho de infância, acentuado quando leu sobre a vida de Gandhi: conhecer a Índia. Desde os oito anos de idade, sentia uma atração especial por aquele místico país. "Foi uma viagem de sonho e uma elevação espiritual".

No dia 22 de abril de 1985, estreou *O Tempo e o Vento*, com trilha de Tom Jobim. A primeira minissérie de Gloria foi prestigiada pelo público, vencendo o Prêmio Coral Negro de Melhor Vídeo no Festival de Cinema de Havana, no ano seguinte.

Veio do cantor Oswaldo Montenegro, seu amigo, o convite para uma participação especial em sua nova peça, um musical intitulado *Leo e Bia*. Não seria desta vez que o público veria Gloria nos palcos. Pela amizade formada entre ambos,

Gloria aceitou o convite para cantar *Drops de Hortelã*, com a promessa de que não precisaria participar de nenhum programa de rádio ou televisão.

Em meio a tantas alegrias, uma tragédia abateu-se sobre a família Pires. Seu irmão adotivo, Duda, morreu desastrosamente, aos quatorze anos. "Ele tinha ido a uma festa com amigos e houve uma briga. Provavelmente, as pessoas que estavam envolvidas, ou alguém da turma, sacou uma arma e ele foi atingido, vítima de uma bala perdida. Foi muito triste, ele morreu na hora, sem chance alguma!"

O sucesso da filha de Antônio Carlos ganhava dimensões cada vez maiores. "Eu diria que não sou uma pessoa que sonhe muito. O mais correto seria afirmar que gosto de batalhar, de lutar mesmo para atingir meus objetivos. Mas cada pessoa sabe de sua necessidade e como buscar a maneira certa de sua realização, seja ela pessoal ou profissional. Somente a própria pessoa pode perceber aquilo que vai realizá-la."

O Direito de Amar

A MÚSICA É UM ELEMENTO VITAL PARA MIM, DESDE A INFÂNCIA.

O convite para participar do clipe de Roberto Carlos aconteceu em 1986, pouco antes de Gloria iniciar as filmagens de *Besame Mucho*, seu terceiro longa-metragem. "Por trás daquele fenomenal cantor há também um admirável ser humano!", disse, referindo-se a Roberto. A canção era *Da boca pra fora*, de Maurício Duboc e Carlos Colla, com direção de Augusto César Vannucci, gravado no Hotel Intercontinental, em São Conrado. "A música é um elemento vital para mim, desde a infância. Minha casa sempre teve ambiente musical."

As palavras do diretor Francisco Ramalho Júnior martelavam em seus ouvidos quanto aos desafios da personagem Olga, no filme *Besame Mucho*, que ela viveria: "Você precisa envelhecer trinta anos". Antônio Fagundes e José Wilker pertencem à mesma geração; Christiane Torloni, a uma intermediária; e

Gloria, à outra. "Ele me escolheu por ter uma vida com conteúdo — casamento, filho, separação — apesar de estar com apenas 22 anos, eu acarretava bagagem suficiente para a construção da personagem."

O filme baseava-se na história de dois casais amigos, nascidos numa cidade do interior: Olga (Gloria) e Xico (José Wilker) e Dina (Christiane Torloni) e Tuca (Antônio Fagundes), contado cronologicamente de trás para frente.

"Contracenar com o José Wilker era um desejo antigo. Ele havia me dirigido na novela *Louco Amor*, mas tinha vontade de contracenar com ele."

O filme foi rodado na capital paulista e na cidade de Pirassununga. O ambiente das filmagens, que duraram cerca de oito semanas, era amistoso e muito entrosado. O cronograma seguiu-se à risca. "Olga traz uma parte minha, de buscar o crescimento, a melhora e a verdade, mas era muito rígida, passei a me policiar para ser menos *Maria Mandona* quando a interpretei."

Cleo e a babá acompanharam-na. Gloria não queria se separar da filha, então com quase quatro anos. Cleo participou do filme, numa cena em que corria na praia, como filha de Olga. Foi a estreia de Cleo diante das câmeras.

O longa projetou-se nas telas do Brasil em 1987, arrecadando o Prêmio de Melhor Filme do Festival Ibero-Americano de Huelva, e premiado nas categorias de Figurino e Roteiro no Festival de Gramado do mesmo ano.

Após o lançamento, Gloria seguiu para Portugal, ao lado do amigo Lauro Corona, onde passariam alguns dias, a

1987. Gloria e Dona Elza – Lançamento do filme Besame Mucho.

1987. Lauro Corona e Gloria, como Adriano e Rosália, respectivamente, em Direito de Amar.

trabalho. "Fiquei hospedada no Hotel Vermar, cujo diretor era o José Costa Duarte, cerca de duas semanas. Costa Duarte e eu ficamos amigos."

Partiu de Costa Duarte a ideia de apresentar-lhe Orlando Morais. *"Lembro-me de Orlandinho ter comentado que havias feito um filme na terra dele, Goiás!"*. E mostrou-lhe diversas fotografias de Orlando, que havia morado por dois anos e meio no hotel, trabalhando, e havia se mudado para Paris. "O Zé falava o tempo inteiro de como éramos parecidos, com os mesmos interesses e opiniões. Ele foi a pessoa que viu as semelhanças entre mim e Orlando, sem que nos conhecêssemos. Ele também falava muito de mim para o Orlando. Nós o consideramos o nosso cupido. Quando a Antonia nasceu, nossa primeira filha, a escolha do padrinho pareceu óbvia!"

Finalizados os compromissos de ambos, Gloria e Lauro voltaram para o Brasil. Certo dia, ao sair do seu dentista, em Ipanema, ela e Orlando ocasionalmente se cruzaram. Gloria se deparou com um Orlando diferente daquele que conhecera através das fotografias. "Recém-chegado de Paris, ele estava muito branco e gordinho."

Eles se entreolharam. Orlando, todavia, manteve-se discreto. "Fui eu que falei com ele. Engraçada a sensação de encontrar uma pessoa só conhecida por fotos." O que ela nem suspeitava era que aquele encontro lhe renderia frutos num futuro não muito distante.

No mesmo ano, Aguinaldo Silva escreveu a novela *O Outro*, reservando o papel da jovem Glorinha da Abolição para Gloria. Não desconfiava que ela estivesse escalada para fazer *Direito de Amar*, e a personagem foi vivida pela atriz Malu Mader. A Globo apostava suas fichas na adaptação escrita por Walther Negrão, Ana Maria Moretzohn e Marilu Saldanha, inspirada numa rádionovela de Janete Clair, dos anos 50, *A Noiva das Trevas.*

Às 18 horas do dia 16 de fevereiro de 1987, com direção de Jayme Monjardim e José Carlos Pieri, a novela estreou. Logo no primeiro capítulo, evidenciou-se que *Direito de Amar* foi um tiro certeiro, superando as expectativas da emissora. O brilhante texto e a impecável direção edificaram uma das melhores novelas de época de todos os tempos. E Gloria destacou-se como a heroína Rosália.

A trama se desenrola no *réveillon* do começo do século passado, com a alta sociedade carioca comemorando a virada do século com um baile de máscaras. Rosália conheceu o aristocrático doutor Adriano (Lauro Corona) e, mesmo mascarados, apaixonaram-se. Para saldar uma dívida, Augusto (Edney Giovenazzi), pai de Rosália, prometeu a mão da filha ao inescrupuloso banqueiro Senhor de Montserrat (Carlos Vereza), pai de Adriano, homem poderoso que se dizia viúvo, mantendo a ex-mulher Joana (Ítala Nandi) trancafiada num quarto.

Adriano queria ser feliz com Rosália e investia arduamente para retirá-la do colégio interno, onde foi enviada pelo pai com o propósito de amadurecer em segurança. Mas a moça era alvo da inveja de sua prima, Paula (Cissa Guimarães), também apaixonada pelo médico e perturbava o romance do casal. Ao sair do internato, moça feita, Rosália ficou a par do trato que seu pai fizera, e aceita, como seu destino, a infelicidade do casamento com Montserrat.

A épica novela inseriu em Gloria um pouco mais de vaidade. Desde que sua rebeldia aflorou, por ter sido preterida para a novela *O Primeiro Amor*, viu o seu trabalho crescer também. "Sou vaidosa, mas não fútil. Tem dias que me acho bonita, mas em outros, um verdadeiro espanto. Metódica, antes de sair, mantenho a mania de me olhar por inteira. Olho tudo. Normalmente, tenho dois espelhos, um de frente e outro atrás, para ver

1987. A clássica cena do primeiro capítulo, em que Rosália e Adriano se conhecem num baile de máscaras.

1987. Gloria na cidade cenográfica de Direito de Amar, fotografada pela atriz Ítala Nandi.

o conjunto. Nunca fico com um espelho só, de frente, pois não transmite uma visão geral de você. Mesmo quando eu vou às compras, para experimentar algo, levo um espelhinho na bolsa, que uso para ver como a roupa está caindo na parte de trás."

Cleo, com quase cinco anos, ia para os estúdios da Cinédia e observava a mãe trabalhar, interagindo com a produção, que se rendia aos encantos da menina de cabelos negros e lisos. Gloria observava a filha acompanhando o seu trabalho e voltava no tempo, relembrando de quando pequenina seguia seu pai, vendo-o atuar.

Direito de Amar terminou em 5 de setembro de 1987. O último capítulo traduziu a beleza de toda a novela, numa cena que fazia alusão ao primeiro encontro de Adriano e Rosália. Um beijo apaixonado selou o desfecho do drama. E também o fim de uma parceria bonita e sincera entre Gloria e Lauro, seu amigo-irmão.

"A novela teve um reconhecimento que me deixou contente. Lamentavelmente, saber que foi meu último trabalho com o Laurinho me entristece até hoje. Os amigos são uma bênção na minha vida. Aquele que te procura, que te estende a mão, que te diz algo que traz um consolo ou uma compreensão. Esses são os anjos na vida da gente."

Gloria emendou a última novela com mais um longa-metragem: *Jorge, Um Brasileiro*, de Paulo Thiago. Baseado no romance de Oswaldo França Júnior, com canção de Milton Nascimento, teve cenas rodadas pelas estradas de Belo Horizonte. Ela era Sandra, enfermeira, noiva do caminhoneiro Jorge (Carlos Alberto Riccelli). O elenco contava ainda com Denise Bandeira, Fábio Junqueira, Antônio Grassi e Denise Dumont. Gloria não guarda maiores registros do filme.

Em novembro de 1987, durante o então efervescente festival de cinema FEST-RIO, realizado no extinto Hotel Nacional, no Rio de Janeiro, Gloria e Orlando se reencontraram. Desta vez, colocaram o assunto em dia. Durante o papo, descobriram algo em comum: eram fãs de Caetano Veloso.

A amizade evoluiu para um romance, e eles se casaram no dia 5 de abril de 1988, na Villa Riso, no Rio de Janeiro.

Por não quererem que o projeto desse errado, Gloria e Orlando não comentaram com ninguém sobre a decisão de se casarem, resolvendo tudo discretamente e sozinhos. Nem tomavam conhecimento de que precisariam de padrinhos para o casamento no cartório. Pegaram em cima da hora dois amigos de Orlando — Sônia Esper e Renato Rodyner —, mal explicando o motivo.

Os preparativos do casamento mostraram aos animados noivos que não era tão simples organizar uma cerimônia. "Nós não tínhamos a mínima suposição de como funcionava. E vimos que se trata de um enlouquecedor mundo de coisas para pensar, fazer, organizar. E que deu certo, apesar dos problemas e do nervosismo."

Um seletivo leque de artistas, composto por Lauro Corona, Patrícia Bueno, Oswaldo Montenegro, José Lewgoy e Arlete Salles ocupou os lugares dos padrinhos, além dos familiares e amigos. Cleo carregou as alianças até o altar. Rafaela, afilhada de Gloria; e Iracema, afilhada de Orlando; eram as damas de honra. O evento reuniu cerca de 300 convidados, que brindaram os noivos com requinte, ao som de músicas clássicas executadas por Sonia Goulart, famosa concertista e amiga de Orlando. A lua de mel precisou ser adiada por uma boa causa. Ela estrelaria *Vale Tudo*, próxima novela das oito, escrita por Gilberto Braga, Aguinaldo Silva e Leonor Bassères. Gloria viveria uma das mais importantes personagens de sua carreira: Maria de Fátima Aciolly, a vilã que o Brasil inteiro amou odiar.

Na Vida, Vale Tudo

Vale Tudo foi a novela que mais gostei de assistir e fazer.

Antes de se entregar às gravações de *Vale Tudo*, Gloria foi convidada novamente por Roberto Carlos a estrelar, ao lado dele, o clipe da música *Coisas do Coração*, do maestro Eduardo Lages, com letra de Paulo Sérgio Valle. O clipe, dirigido por José Mário, foi gravado no Museu Histórico do Exército, no Forte de Copacabana. O Fantástico o exibiu em janeiro de 1988.

Em 16 de maio do mesmo ano, às 20 horas, o primeiro capítulo de *Vale Tudo* fez o país emudecer ao questionar se valeria a pena ser honesto no Brasil. "Ao levantar o tema da honestidade e discutir o famoso jeitinho brasileiro, os autores desmascararam um tipo de atitude muito comum em todas as camadas sociais." Criticava-se um tipo de mentalidade que se definia na sociedade, o vale-tudo pelo poder: corrupção e

1988. Em Vale Tudo, Maria de Fátima (Gloria Pires) separou Afonso (Cássio Gabus Mendes, com ela na foto) de sua melhor amiga, Solange (Lídia Brondi), casando-se com ele por dinheiro.

impunidade explicitadas em sua abertura pelos versos da música *Brasil*, de Cazuza, cantada por Gal Costa. Nunca realidade e ficção estiveram tão atadas numa produção televisiva.

"Houve muita sintonia entre os autores e a direção de Dennis Carvalho. O texto era riquíssimo. *Vale Tudo* foi a novela que mais gostei de assistir e fazer."

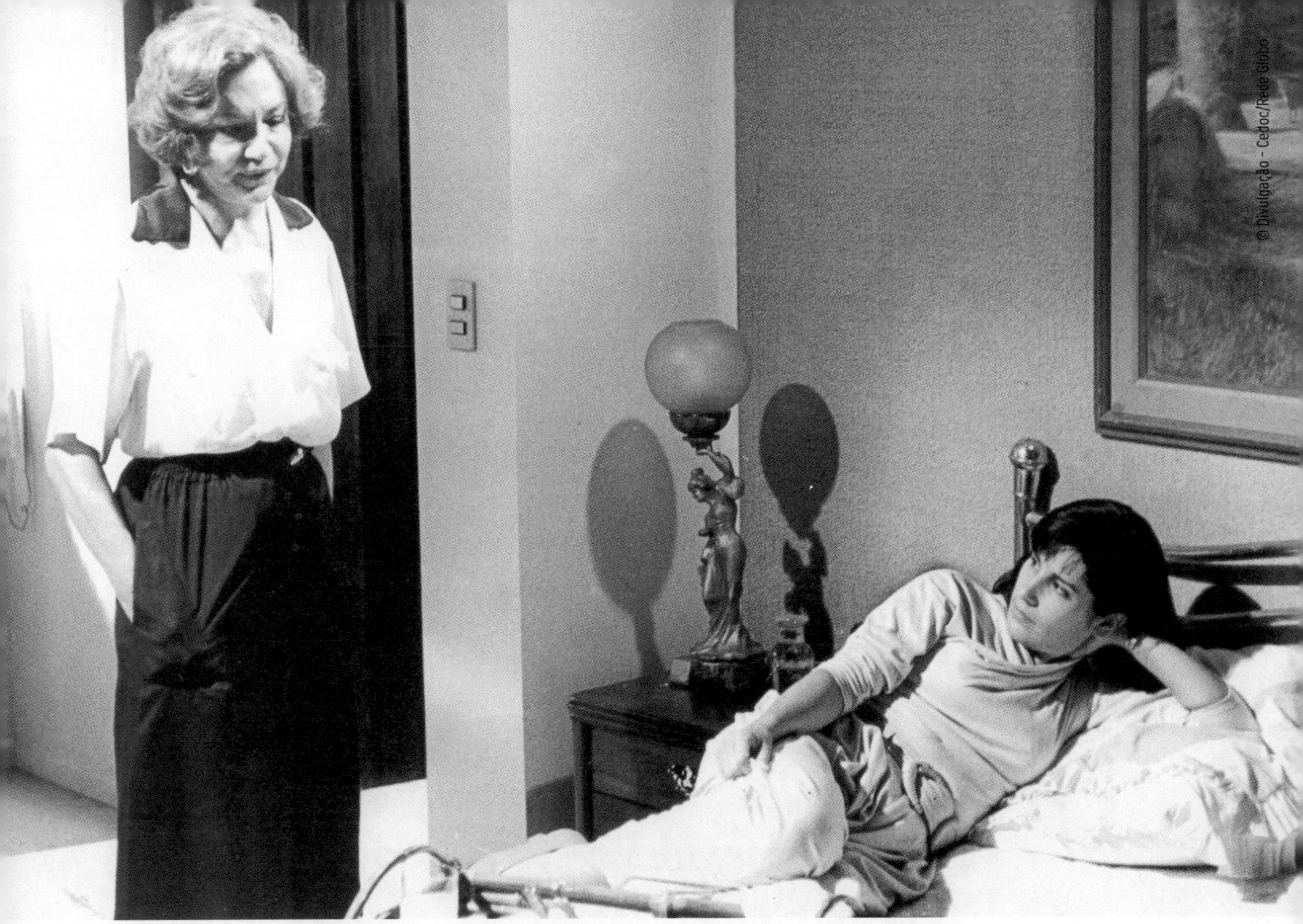

1988. Celina (Nathália Thimberg) enfrentava Maria de Fátima o tempo todo, para defender seu sobrinho Afonso das traições da alpinista social.

A personagem de Gloria buscava ascensão social a qualquer custo. E não mediu esforços para tal. Sua ausência de ética e moral generalizava no Brasil e instigava as pessoas a refletirem sobre os princípios de honra e dignidade. Por fim, vendeu seu próprio filho para um casal estrangeiro, a troco de alguns milhares de dólares.

1988. Gloria e Regina Duarte duelando em mais uma cena inesquecível de Vale Tudo.

1988. Vale Tudo - Com Beatriz Segall, na cena em que Fátima é desmascarada por Afonso.

Maria de Fátima se tornou um divisor de águas na carreira de Gloria. "Ela tinha muita verdade. Sofria de uma deformação de caráter, era amoral. Adoro personagens humanas."

A cena mais antológica da novela foi a polêmica discussão em que a mãe rasga o vestido de noiva da filha e lhe esbofeteia o rosto. "O Dennis Carvalho trabalhava muito bem cenas cheias de densidade emocional. Ele tinha todo um ritual. Esvaziava o estúdio, deixando só os atores. Fazia a leitura do texto e discutia como fazer. Ensaiávamos várias vezes."

Outro episódio marcante para Gloria foi quando Maria de Fátima, em decadência, procura Afonso (Cássio Gabus Mendes) para uma arquitetada reconciliação. A calculista personagem argumenta cerca de quatro laudas e, no final, Afonso responde apenas com um sonoro *não* às suas investidas. "Agradeço a oportunidade de ter trabalhado com atores maravilhosos como Regina Duarte, Antônio Fagundes, Beatriz Segall, Cássia Kiss, Cássio Gabus Mendes, Carlos Alberto Riccelli, Nathália Thimberg, Reginaldo Faria, Renata Sorrah. Um elenco de responsabilidade."

Com todos os absurdos realizados por Maria de Fátima, Gloria jamais sofreu qualquer tipo de rejeição ou ação violenta nas ruas. "Nunca fui agredida. As pessoas me paravam na rua e me falavam, rindo: "*Você está muito má, hein?!*". Ou diziam, piedosas: "*Ela é a sua mãe, coitada!*". Comentários que demonstravam que as pessoas acompanhavam e curtiam a novela. Aliás, complicações com fãs é algo que desconheço. Talvez pela maneira muito natural com que lido com eles. Trato os fãs como pessoas. E respeito pessoas. Rick Wakeman era meu ídolo na

1988. Vale Tudo - Gloria e Carlos Alberto Riccelli, com quem formou a inesquecível dupla Maria de Fátima e César Ribeiro.

1988. Vale Tudo - Maria de Fátima discutiu sobre os valores morais e éticos do Brasil.

1988. Vale Tudo - Com Regina Duarte, na cena em que Fátima, decadente, pede ajuda à mãe, que venceu na vida.

juventude. Colecionava tudo dele. Fiz meu pai me levar ao show no Maracanãzinho! Só me dá receio quando o fã ultrapassa o carinho e afunda no fanatismo. Sei de casos em que a pessoa passa a viver a vida de quem ela idealiza, em que, normalmente, não existe um convívio real. É meio doido e perigoso."

A cena em que Maria de Fátima se atira nas escadarias no Teatro Municipal, a fim de abortar o filho que denunciava sua infidelidade no casamento com Afonso, deu trabalho para ser realizada. "Depois de tantos apuros passados durante a realização de cenas, comecei a evitar qualquer coisa que me colocasse em risco ou que me machucasse. O Dennis Carvalho negociou bastante comigo, insistindo para eu fazer apenas uma cena começando a rolar e outra finalizando. Ele afirmava que colocaria um colchão para quando eu caísse. E só fiz essa parte, em total segurança. Minha amiga Denise Só, que foi minha dublê em vários trabalhos, acredito que tenha estreado como dublê nessa cena. O Jorge Só, marido dela, também é dublê e me tranquilizou, confirmando que a Denise estava ali para fazer a cena em meu lugar."

Gloria recebeu como uma premiação o depoimento de Gilberto Braga à imprensa, declarando que ela era a Simone de Beauvoir da sua geração. "O Gilberto gosta dos atores. Transforma suas novelas numa criação conjunta entre autor, ator e diretor. É um dos melhores, na minha opinião."

A maratona das gravações no segundo semestre de 1988 causou a Gloria uma estafa aguda. E ela regozijou com uma semana de folga, ausentando-se dos estúdios para recuperar a energia.

No Natal daquele mesmo ano, a antagonista, a vilã Odete Roitmann, interpretada por Beatriz Segall, foi assassinada, repercutindo a pergunta que virou febre entre os brasileiros: *Quem matou Odete Roitmann?* Geraram apostas e até concursos promovidos por empresários. Uma das cotadas para a provável assassina era Maria de Fátima, devido à expansão da sua má fama. A indagação sobre a morte de Odete conseguiu se sobrepor à drástica notícia do luxuoso iate *Bateau Mouche IV*, que afundou na Baía de Guanabara, no *réveillon*, somando entre os óbitos, a atriz Yara Amaral.

Com estrondosos índices de audiência, *Vale Tudo* terminou em 6 de janeiro de 1989. O tão esperado capítulo final, com a cena do assassinato de Odete, foi gravado no mesmo dia em que foi ao ar, revelando quem cometeu o crime. Para evitar que vazasse qualquer informação na imprensa, nem os atores sabiam. A assassina era Leila (Cássia Kiss), que matou Odete por engano, quando, na verdade, queria matar Maria de Fátima, por ela ter traído sua confiança e transado com seu marido, Marco Aurélio (Reginaldo Faria).

Maria de Fátima ganhou um desfecho merecido, e oposto ao trágico e moralista final que normalmente são acometidos os antagonistas. Ela se casa com um príncipe italiano gay, caso de César Ribeiro, envolvendo-se num triângulo amoroso que lhe renderia um casamento de fachada, faturando um milhão de dólares anualmente e circulando pelas melhores rodas sociais da Europa.

Maria de Fátima foi uma das primeiras personagens a sair da novela e figurar na mídia. Gloria realizou um comercial para a Caixa Econômica Federal, em que dizia: *"Por 800 mil Cruzados, eu faço até papel de boazinha!"*.

Também foi indicada para concorrer ao prêmio de Melhor Atriz do Troféu Imprensa, disputando com Regina Duarte e Beatriz Segall, que conquistou a estatueta.

Vale Tudo se consagrou como uma das melhores produções de todos os tempos, na opinião do público, artistas, críticos e profissionais. Foi a novela que fez o Brasil passar na tevê e mostrar a sua cara.

A Dona do Mundo

Gosto dos desafios. A vida não teria sentido sem eles.

Férias era a palavra de ordem para Gloria, que reativou os planos da sua lua de mel interrompida com Orlando, num pitoresco cruzeiro ao Caribe e Miami, que durou um mês, acompanhados por Cleo.

No dia 20 de julho de 1989, falecia o ator e amigo Lauro Corona, por complicações decorrentes do HIV. "Foi um soco na alma. Minha geração sofreu o estigma e a dor da doença. Perdemos muita gente. Às vezes, me lembro da forma como o Lauro fazia palhaçada em cima de qualquer assunto, inclusive dos assuntos mais sérios ou tristes. E a beleza dele refletia tudo o que ele tinha por dentro."

Em fevereiro de 1990, voltou a Portugal para participar do Carnaval na cidade de Alcobaça, recebida por milhares de pessoas. Visitar outros países sempre lhe trouxe sensações positivas.

Um programa especial da *Escolinha do Professor Raimundo*, liderado por Chico Anysio, foi ao ar na Globo. Um grupo de pais levou seus filhos para a sala de aula mais divertida da televisão. Gloria foi a filha de Joselino Barbacena, interpretado pelo seu pai, Antônio Carlos. 17 anos depois, ela voltou a contracenar com Chico Anysio. No início, sentiu-se tímida ao entrar no estúdio e encarnar a personagem, uma mineirinha caipira, tal como Barbacena. Mas logo se entrosou com a turma, não resistindo às divertidíssimas piadas do elenco.

A maior piada na carreira de Gloria estava perto de eclodir, com a personagem Sarita, oportunista garota de programa que aplicava pequenos golpes, em *Mico Preto*, novela de Marcílio Moraes, Leonor Bassères e Euclydes Marinho, dirigida por Dennis Carvalho, que estreou em 7 de maio de 1990, às 19 horas. "Sarita era ótima. Uma verdadeira pin-up de subúrbio que objetivava um marido rico e, se possível, bobalhão."

Sarita provocava risos desde o nome, ao visual completamente cafona, inspirado na cantora Madonna na década de 80: roupas extravagantes e maquiagem carregada, com direito a uma pinta em cima dos lábios, tal como a *popstar* americana. As unhas postiças, pintadas com cores também extravagantes, geraram problemas, logo na segunda semana de gravação: uma delas quebrou e feriu Gloria, que, às duas horas da manhã, terminou num pronto-socorro para ser atendida e tomar uma injeção antitetânica.

Outro empecilho foi a cabeleira de Sarita. Gloria ainda estava com os cabelos curtos e precisaram colocar *megahair*, com longas madeixas encaracoladas, pois o método usado na época era muito incômodo, além de deixar seus cabelos originais detonados. A solução foi usar uma peruca.

Compor Sarita também foi um trabalho árduo, mas apreciado por Gloria, que o desenvolvia lentamente no camarim, quando começava a se vestir e se maquiar. "Para mim, a preparação é um ritual especial que exige concentração. É a minha maneira de, aos poucos, incorporar a personagem."

Sarita fazia par com Firmino do Espírito Santo (Luiz Gustavo), nomeado inesperadamente por Áurea (Márcia Real), procurador da sua fortuna. Ela o humilhava por causa de sua situação financeira. A sorte lhe sorriu com a possibilidade de se casar com o rico deputado José Maria (Marcello Picchi), que necessita urgentemente de uma mulher que se passasse por sua esposa para disfarçar sua condição homossexual. A barraqueira Sarita tentou seguir as regras impostas pelo político, portar-se com refino nos eventos sociais, melhorar o visual e beijá-lo em público, mas penitência para a personagem era ocultar o seu comportamento intempestivo.

Mico Preto declinou semanas depois de seu lançamento. Nessa mesma época, Gloria iniciou uma dieta, pois estava dez quilos acima de seu peso. "Infelizmente, a novela não deslanchou. Alguma coisa ali deu errado. Guardo boas recordações, apesar de ter sido uma novela falha. Nossa convivência era gostosa. Não era maçante ficar esperando para gravar pelo corredor, ainda na emissora do Jardim Botânico, onde ficávamos sentados conversando."

Após muitas tentativas, Sarita se regenera e recomeça sua vida, pronta para criar seu filho com dignidade. "Minha última cena, tive que fazer com um boneco, porque o bebê, depois de muito aguardar, não ficava quieto. Era um monólogo em que Sarita falava do futuro para seu filho, lembrando-se de sua infância. Eu me emocionei. Quem teve boa infância acho que se emociona ao lembrar-se dela."

Da intimidade criada entre ela e Dennis Carvalho, a partir daquela novela, nasceu também uma brincadeira que perdura até hoje. "Antes, nós nos víamos em qualquer lugar e jogávamos no chão tudo o que estávamos carregando. Aí, a brincadeira progrediu. Ao invés de atirarmos tudo fora, nos ajoelhamos um diante do outro."

Terminadas as gravações, a sensação era de dever cumprido: "Dormi mais de dez horas seguidas. Parecia que tinha ficado um ano inteiro de olhos abertos".

Num momento único da sua trajetória, Gloria buscou um enfoque bem diferente para sua arte. Ela e Orlando germinavam a possibilidade de um desafio nos palcos. Ele, como autor. Ela, atuando. O casal esboçou um projeto teatral, *Violetas Azuis*, livremente baseado na obra *Alexis*, de Marguerite Yourcenar, com direção de Amir Haddad. "O livro causou bastante polêmica em seu lançamento, por abordar o homossexualismo como parte da natureza humana e animal. Inspirado neste universo, Orlando escreveu sozinho uma peça muito lúdica e poética. Amo ir ao teatro, mas com exceção desse momento, nunca fez parte dos meus planos. Não é algo

1991. Em O Dono do Mundo, Stella Barreto (Gloria Pires) leva uma bofetada de Rodolfo (Kadu Moliterno), que era vasectomizado e descobriu que ela engravidou de Felipe Barreto (Antônio Fagundes), seu ex-marido.

1991. Em O Dono do Mundo, Stella está entre seu pai, o empresário Herculano Maciel (Stênio Garcia), e seus sogros, Altair (Paulo Goulart) e Constância Eugênia (Nathália Thimberg).

que eu pense em fazer. O projeto não se concretizou por questões de agenda do diretor."

O descanso teve dias contados. Gilberto Braga a convidou para viver Stella Barreto, mulher do cirurgião-plástico Felipe Barreto (Antônio Fagundes), em *O Dono do Mundo*, em 1991.

Stella, na sinopse, seria uma personagem secundária, sem atrativos. Ela leu o roteiro e telefonou de imediato para o autor,

1991. O Dono do Mundo - Stella Barreto foi uma personagem muito sofisticada. Segundo Gilberto Braga, ela era sua mulher ideal.

perguntando o porquê de ele a ter escolhido. Gilberto foi instantâneo: *"Porque quero que a personagem seja grande. E você consegue fazer isso."* A resposta a pegou de surpresa, e Gloria aceitou, congratulada. "Gosto de desafios. A vida não tem sentido sem eles. Aceitei o risco e o resultado foi o melhor possível. A Stella era madura, bacana, jovem e moderna. Segundo o Gilberto, ela era a sua mulher ideal."

Stella Barreto era requintada, culta e jornalista por formação, mas não exercia a profissão por dedicação ao marido. Felipe Barreto (Antônio Fagundes) era um cirurgião-plástico renomado, que conquistou fortuna e poder. As mulheres eram o seu ponto fraco. E não fazia nenhuma questão de resistir a elas.

A personagem inicialmente teria o perfil de uma mulher frágil e dondoca. "Aquele tipo que tende a virar uma senhorinha. Por isso, tornei-a mais seca, buscando a frieza na figura do seu pai, Herculano, feito pelo Stênio Garcia. O jeito maternal eu tirei pelo fato de ela ser a filha mais velha, que tomou o lugar da mãe, até na relação com a irmã mais nova, Yara, vivida pela Daniella Perez."

Seus sensíveis toques alteraram também o figurino. "Marília Carneiro pensou num estilo clássico, *ton-sour-ton*. Achei que Stella tinha modernidade. Poderia até usar um *tailleur*, mas de cores destacadas e um detalhe engraçado. Levei uma série de recortes para discutirmos a ideia e meu amigo Cao Albuquerque, também figurinista, me ajudou a perceber ousadias."

O Dono do Mundo, curiosamente, estreou no mesmo dia, mês e horário em que *Vale Tudo* fazia seu terceiro aniversário, em 16 de maio de 1991, às 20 horas. E, como anteriormente, sob a direção geral de Dennis Carvalho. Gloria comemorou os três anos de existência da extinta Maria de Fátima mostrando ao Brasil sua Stella Barreto, refinada sem ser careta; delicada sem ser frágil.

Gloria viveu uma inversão de papéis dessa vez. "*Era atraente porque eu via a Maria de Fátima estampada no Felipe Bar-*

1991. Gloria entre "Os Trapalhões" Renato Aragão, Mussum e Dedé Santana, que participaram de uma gravação de O Dono do Mundo.

reto e o Afonso Roitmann na imagem da Stella Barreto, enganada pelo Felipe, tal como o Afonso era pela Maria de Fátima", confessou Gilberto Braga na estreia.

A audiência sofreu uma queda significativa a partir da segunda semana de exibição, em virtude da rejeição do público à protagonista Márcia (Malu Mader), tachada de leviana, ao trair o marido com Felipe, em plena lua-de-mel no Canadá.

Quando Stella finalmente flagra um momento incontestável de infidelidade do marido, rompe o casamento. Separada, envolve-se com o publicitário Rodolfo (Kadu Moliterno), num relacionamento constantemente ameaçado, graças às artimanhas da cunhada dele, Karen (Maria Padilha). Suscetível e desamparada, Stella se consola nos braços do ex-marido. Ela descobre que está grávida e acredita ser de Rodolfo, que na verdade sofrera uma vasectomia.

Stella planejou a hora adequada para dar-lhe a notícia: na noite da cerimônia de premiação de um concurso publicitário, no qual era uma das concorrentes. Vencedora, dedicou a vitória a Rodolfo e, extasiada, revelou ao namorado sobre a gravidez. Rodolfo reagiu agressivamente com um forte tapa em seu rosto. "Foi um tapa de verdade! Eu e o Kadu havíamos combinado antes. E ele me instruiu a não me esquecer de fechar a boca, para evitar algum deslocamento do maxilar, caso o tapa fosse muito forte. Quando eu terminei de falar, só senti o peso da mão dele. Doeu, mas em compensação, ficou real."

O esforço valeu a recompensa. Naquele ano, Gloria venceu o prêmio da APCA — Associação Paulista de Críticos de Arte

— pelo seu excelente desempenho na novela, que chegou ao fim em 4 de janeiro de 1992. O Troféu Imprensa também a elegeu, junto de Malu Mader e Fernanda Montenegro, candidata ao prêmio de melhor atuação. Mas o mérito ficou com Fernanda, pela hilária cafetina de luxo Olga Portella.

No Carnaval daquele ano, desfilou na Sapucaí pela São Clemente, ao lado de 30 crianças deficientes, provenientes da APAE de Niterói. E em agosto, ladeada pelo sociólogo Betinho e o escritor Herbert Daniel, engajou-se na campanha e inaugurou o serviço de informação e apoio do Grupo Pela Vidda, no Rio, direcionado aos infectados pelo vírus HIV, consolidando o slogan: *Solidariedade não transmite AIDS.* Gloria sempre se engajou em campanhas de cunho social, seja com a APAE de São Gonçalo, seja com a Campanha do Câncer de Mama.

A alegria que contaminou a família Pires de Morais, após *O Dono do Mundo*, deu-se pela confirmação da gravidez de Gloria. Seria o seu segundo filho, inaugurando a paternidade — desta vez biológica — de Orlando. Uma das mais belas fotos que registra este momento foi pelas lentes de Vânia Toledo, para o livro *Personagens Femininos*, com Gloria caracterizada de *Iansã.*

"A homenagem não tem cunho religioso, foi apenas uma ideia que tive, quando Vânia me convidou para participar do livro. Cada atriz 'vivia' uma personagem, e eu escolhi *Iansã*, mas é verdade que desde menina, sinto um chamado místico. Creio que a religião é uma questão muito pessoal, a forma que cada um escolhe para estar perto de Deus."

Mulher de Areia

Sou obstinada.

Exijo o melhor de mim.

Com o progresso da gravidez, Gloria marcou a cesariana para quando completasse as quarenta semanas de gestação. O médico agendou no primeiro horário do Centro Cirúrgico. Na noite anterior, porém, a ansiedade não a deixou dormir. E Antonia veio ao mundo pelas mãos do Dr. Seibl, na manhã de 7 de agosto de 1992.

O nome da menina rendeu uma homenagem ao pai de Gloria, porém, Gloria chegou a esse nome através do personagem Anton, do filme *West Side Story — Amor Sublime Amor* —, que ficou pululando em sua cabeça. "A gravidez de Antonia traçou uma fase de muito crescimento para nós. Toda gravidez é especial. Um momento único. Estar grávida é delicioso. Adoro aquela rotina: nascimento, amamentação. Sou doida por esse contato com o bebê. É muito gostoso."

O ano de 1993 chegava e a mais inovadora tacada da Globo era o *remake* da novela *Mulheres de Areia*, sucesso de Ivani Ribeiro levado ao ar em 1973 pela TV Tupi. Convidada, ainda em plena licença-maternidade, Gloria hesitou. As especulações em torno da novela bombardeavam as manchetes: *Outras atrizes são chamadas para viver Ruth e Raquel. Globo desiste de produzir a novela e formata uma minissérie. A emissora decide adiar a novela até findar o resguardo de Gloria.*

A Globo pretendia produzir a novela em 1992, porém, grávida de Antonia, Gloria recusou. Sugeriram, então, outros nomes à Ivani, mas a autora se mostrou irredutível e alegou que só Gloria poderia fazer as gêmeas. Outro autor, Walther Negrão, foi chamado às pressas para escrever uma novela que substituísse *Felicidade*, de Manoel Carlos, uma vez que o projeto do *remake* havia sido adiado, aguardando o parto de Gloria. Walther prontamente escreveu *Despedida de Solteiro.*

"Em hipótese alguma, pensava em trabalhar numa produção daquela com um bebê recém-nascido nos braços. Mas Orlando me convenceu de que aquela era uma novela indispensável para a minha carreira." Consciente da grande oportunidade, Gloria aceitou. A novela prometia ser um êxito indubitável, atrelada a um desafio imperdível.

Paulo Ubiratan havia efetivado o convite, e Gloria acabou seduzida pelas irmãs tão iguais fisicamente e diferentes na atitude. Explicou-lhe, entretanto, que receava prejudicar a amamentação da filha, mas Paulo garantiu que o horário de Antonia amamentar seria respeitado. E fecharam o contrato.

Entusiasmada, ela procurou o Dr. João Curvo e acelerou uma dieta que a fez perder, em 3 meses, os 17 quilos conquistados durante a gestação. Gloria teve a curiosidade de saber como Eva Wilma interpretou as irmãs gêmeas Ruth e Raquel, mas resolveu deixar a curiosidade para o final da novela, com medo de ser influenciada pela interpretação de Eva.

Também pesquisou a vida de irmãs gêmeas reais, realizando entrevistas que ela mesma registrou. Prestou total atenção em cada detalhe: a expressão, o andar, o falar, o pensar e o vestir de cada uma. Nada lhe passou despercebido.

Dotada de um orçamento equivalente a uma novela das oito, *Mulheres de Areia* estreou em 1º de fevereiro de 1993. A nova versão, reescrita por Ivani Ribeiro, com colaboração de Solange Castro Neves, foi mesclada com a trama central de outra novela de Ivani: *O Espantalho*, exibida pela TV Record, em 1977. A direção coube a Wolf Maya, Ignácio Coqueiro e Carlos Magalhães. A novela rendeu uma das maiores audiências já conquistadas num folhetim das 18 horas, alcançando posteriormente um alto ibope também em outros países, como Portugal, Cuba, Rússia e Venezuela.

O mote principal era a disputa das irmãs gêmeas pelo mesmo homem, Marcos Assunção (Guilherme Fontes). Ruth, a boa, ambicionava o amor; enquanto Raquel, a má, queria a conta bancária do jovem empresário. "Sou obstinada. Exijo o melhor de mim. Estudo, humildade e paciência, trabalho muito em cima disso."

O deboche, cinismo, arrogância e maus-tratos de Raquel para com a família e com o deficiente mental e escultor de areia,

1993. Gloria com Antonia no colo, nos bastidores das gravações externas em Tarituba, Estado do Rio de Janeiro.

1993. Orlando, Cleo, Antonia e Gloria, no quarto do hotel onde ficaram hospedados, em Nova York, para a gravação das cenas da lua de mel de Raquel e Marcos.

1993. Gloria brincando num intervalo das gravações, no hotel em Nova York.

1993. Bastidores da gravação da cena final da novela, onde Ruth e Marcos terminam felizes num iate, na Baía de Angra dos Reis, Estado do Rio.

1993. Wolf Maya dirigindo Gloria e Guilherme Fontes, em Nova York.

Tonho da Lua (Marcos Frota), garantiram tensão e boas risadas aos telespectadores, contrastando com a pureza e ingenuidade de Ruth, sempre sucumbida à irmã diabólica. Raquel não pensava duas vezes para atingir seus objetivos, como se passar por Ruth, até seduzir o namorado rico de sua irmã, Marcos, casando-se com ele.

"Nunca, em toda a minha carreira, um trabalho exigiu tanto de mim quanto essa novela. Aqueles efeitos eram complicados, mas graças ao Wolf e seu perfeccionismo, até hoje a novela está aí, intacta. Sem contar aquele elenco, muito bem sintonizado com seus personagens. A Viviane Pasmanter estava fantástica! A Suzana Vieira, Laura Cardoso, Raul Cortez, Sebastião Vasconcellos, Marcos Frota... nossa, que time!"

As gravações se dividiam entre o Projac, Tarituba, Vassouras, os estúdios do Jardim Botânico, Angra dos Reis e Alto da Boa Vista. O recurso técnico utilizado quando Ruth e Raquel contracenavam era demorado e cansativo. Uma dublê de Gloria, Graziela Di Laurentis, foi contratada para auxiliar nas cenas.

O processo de *decupagem* dos capítulos também era trabalhoso. Para cada cenário, ela utilizava clipes de uma cor, facilitando, assim, a visualização das cenas previstas para aquele dia. Sua predileção recaía notoriamente pela gêmea má, que requisitava um trabalho mais visceral. "As antagonistas são mais gostosas de fazer. E de assistir. São ousadas, inescrupulosas e fogem aos padrões."

Mediante as comparações de Raquel à Maria de Fátima, vilã de *Vale Tudo,* Gloria analisa: "Maria de Fátima arquitetava, armava, era inteligente. Raquel era estabanada, não pensava e nem ouvia as pessoas, por isso, muitas vezes, agia impulsivamente. Fátima era cerebral. Raquel, emocional."

Na Páscoa daquele ano, sua mãe, Dona Elza, passou mal após o almoço e foi internada inconsciente e às pressas na Clínica São Bernardo, na Barra, sob o diagnóstico de um aneurisma cerebral. Quando Gloria entrou na UTI, ela indagou à mãe se estava tudo bem, com um susto entalado na garganta. "*Tudo bem*", respondeu Dona Elza, quase inaudível, na última troca de palavras entre mãe e filha, antes de entrar, em minutos, num coma profundo.

Dona Elza faleceu ao fim do quinto dia.

"A morte da minha mãe no meio da novela foi um baque. Ninguém esperava. Com tudo findado, acabei me refugiando no trabalho. E só consegui espaço para sentir a morte dela um ano depois. O que mais mudou com a morte da minha mãe é que eu comecei a viver a minha vida, errando, acertando, tropeçando e levantando. Ela era um escudo. Não permitia que a vida me batesse. Por um lado, isso é bárbaro. Aquela coisa linda de a mãe proteger o filho com unhas e dentes. Sua ausência me ensinou muito sobre mim mesma. Depois de ter vivido tanto, recomecei a vida de uma forma nova."

A capacidade profissional de Gloria não deixou que a turbulência daqueles dias interferisse na novela. Disciplinada, no dia posterior ao enterro, ela viajou para Tarituba. A produção disponibilizou um helicóptero para conduzi-la, pois ela não queria ficar longe das filhas e nem de Orlando.

© Arquivo Pessoal

1992. Gloria e Guilherme Fontes sendo dirigidos por Wolf Maya, no primeiro dia de gravação de Mulheres de Areia.

© Arquivo Pessoal

1992. Gloria e Wolf, na gravação da primeira cena da novela.

© Divulgação - Cedoc/Rede Globo

1993. O casamento de Raquel e Marcos.

1993. Bastidores da gravação da cena da morte de Raquel.

1993. Gloria e os fãs na Estação da Luz, em São Paulo, num intervalo de gravação.

1993. Com Guilherme Fontes, em cena no Central Park, Nova York, para onde foi gravar Mulheres de Areia.

1993. Patinando no Central Park, em Nova York, durante as gravações da lua-de-mel de Raquel e Marcos, em Mulheres de Areia.

1993. Com a filha Cleo, em Nova York, num intervalo das gravações de Mulheres de Areia.

1993. Curtindo o inverno rigoroso de Nova York com o marido, Orlando Morais, durante a estadia na cidade para as gravações de Mulheres de Areia.

Material de divulgação de Mulheres de Areia pelo mundo.

A cena que filmaria não era propícia a quem buscava conforto para um momento difícil. Raquel e Ruth caíam no mar e se afogavam. Apenas Ruth se salvaria. Raquel seria considerada morta. “Uma loucura aquele episódio. O *cameraman* Ricardo Van Steen, que manipulava a câmera aquática foi tranquilo e prático. E gravamos em uma hora. Se não fosse o Dr. João Curvo, realmente não teria suportado, em todos os aspectos. Chegava um ponto que amamentava o bebê lendo os capítulos. Era muita atribulação, mas que valeu muito a pena!”

Com folgas escassas, a maratona era eletrizante. Aos domingos, viajava para a aldeia de pescadores em Tarituba, a três horas de carro do Rio, carregando consigo uma mudança: roupas, carrinho de bebê, frutas e enxoval de Antonia, entre outros utensílios. Na quarta, retornava ao Rio para dar continuidade às cenas em estúdio, gravando externas o restante da semana.

"O Wolf Maya, o Carlos Magalhães e o Ignácio Coqueiro, diretores da novela, estavam numa grande fase. Nós nos divertíamos muito. Curtíamos fazer as cenas. Tenho muitas saudades dessa novela."

A cena em que Ruth estapeia a irmã exigiu de Gloria um exercício de técnica e paciência. "Fizemos aquela cena 11 vezes! Primeiro, com a Raquel levando o tapa. Na hora de fazer a Ruth, surgiu uma série de detalhes a serem cuidados: o tempo, a altura e o lugar correto onde a mão acertaria, para não parecer que bati na orelha, no nariz, no olho ou no pescoço. Tudo era muito preciso. No dia seguinte, meu braço estava dolorido. Parecia que tinha malhado à beça! O resultado ficou maravilhoso, mas, por incrível que pareça, só fui ver essa cena 14 anos depois, através do Vídeo Show!"

"Tenho horror de me assistir, há cenas que me deixam curiosa para saber como ficaram, mas não tem nada pior para mim do que o primeiro e o último capítulo de uma novela, em que todo o elenco permanece reunido, assistindo. Pré-estreia de filme também é um pesadelo. Meu barato está em ir lá e fazer, somente. O resto eu dispenso."

Mulheres de Areia terminou em 25 de setembro de 1993. Boni, então superintendente da Globo, rendeu-se aos encantos das gêmeas antagônicas, remetendo aos autores, atores, diretores e técnicos um memorando de felicitações pelo excelente empenho que resultou num momento único na história da teledramaturgia brasileira.

Clemente Neto, funcionário da Globo e antigo companheiro de seu pai, procurou Gloria com um projeto em mãos:

um musical sobre Dolores Duran. "Era um projeto muito bonito, baseado na vida dessa grande compositora, de quem meus pais foram amigos. Mas tem certas coisas na vida que não vingam. Vão até certo ponto e morrem. E este foi um deles."

Fisgada pelo seu sucesso, a revista *Playboy*, pela segunda vez, desde sua recusa em *Cabocla*, refez o convite para posar nua. "Cheguei a pensar, sim. Mas não tive audácia. É só uma questão pessoal, de estar à vontade. E eu não fico."

Nos meses subsequentes, Gloria venceu dois prêmios de melhor atriz. O Troféu Imprensa, concorrendo com Fernanda Montenegro e Adriana Esteves, e o da Associação Paulista de Críticos de Arte.

No entanto, a melhor premiação aconteceu num dia simples, quando seu assessor, Antônio Padilha, perambulava pela praia de Copacabana, levando o seu cachorro para passear. O burburinho causado pela novela fazia de Padilha presença constante em jornais e revistas. Um senhor que morava nas redondezas se aproximou, elogiando uma entrevista dele com Gloria, e disparou: *"Minha esposa sabe distinguir perfeitamente quem é a Ruth e a Raquel."* Diante da reação óbvia do assessor, pois as diferenças entre ambas eram fisicamente gritantes, o senhor completou: *"Eu sei que você está pensando na obviedade disso, mas há um porém: a minha esposa é cega!"*

Mulher de Aço

Maria Moura trouxe uma mulher
poderosa dentro de mim.

A estratégia de Gloria era ficar afastada da tevê por cinco anos, pretendendo se dedicar mais à sua família, recuperando-se do desgaste físico e mental que *Mulheres de Areia* provocou, apesar das vitórias.

No desenrolar de 1993, 10 anos após sua primeira e mal-sucedida investida em corrigir as gengivas expostas, procurou novamente um dentista especializado em periodontia, que lhe sugeriu algo inovador. O Dr. Cesar Xavier de Brito, por um extenso período, ocupou a responsabilidade de toda reabilitação estética no sorriso de Gloria.

No despontar de 1994, o diretor Carlos Manga enviou-lhe sem explicação um exemplar do livro *Memorial de Maria Moura*, de Rachel de Queiroz. E pediu para lê-lo. Ao receber o livro e abri-lo, dentro havia um cartão escrito por Manga: Só pode ser você! "A história me encantou. Maria Moura usa os homens, mas é usada por eles também. Uma saga de profunda tristeza e beleza, muita luta pela sobrevivência, dignidade e liberdade. É bom que as pessoas tenham dúvida sobre os propósitos dela, porque ninguém é absolutamente bom ou mau."

A Globo visava produzir a minissérie *Memorial de Maria Moura*, e Manga estava irredutível a respeito da atriz escolhida para interpretar a protagonista homônima: Gloria Pires. A adaptação seria de Jorge Furtado e Carlos Gerbase, com direção de Denise Saraceni, Roberto Faria e Mauro Mendonça Filho.

Gloria sugeriu a Mário Lúcio Vaz que houvesse uma diretora na minissérie. Depois de muito refletir, chegaram à conclusão de que não havia ninguém, além de Denise Saraceni, que estava fora da Globo. "O romance foi escrito por uma mulher, narrando a vida de outra mulher. A adaptação para tevê era escrita só por homens. Então, era preciso haver um equilíbrio, com mais presença feminina. Com a vinda de Denise, usamos a nossa intuição e tivemos passagens incríveis."

A preparação para viver a heroína masculinizada de sutil feminilidade, ainda que oculta por uma selvageria extremamente acentuada, exigiu uma árdua dedicação. Gloria marcou intensivas sessões com a fonoaudióloga Márcia Tanuri, o que, para ela, foi um grande aprendizado. A área rural usada como cenário foi a Fazenda Engenho Novo, em Itaboraí, Estado do Rio. Algumas cenas ocorreram na região serrana de Friburgo e Teresópolis. "O bom de atuar é quando a máscara cai, cutucando os nossos medos, inseguranças e incertezas, e os exibimos para o mundo. A expectativa de trabalhar com um ator, autor ou diretor diferente me instiga."

Além de praticar aulas de equitação na Sociedade Hípica Brasileira, e de tiro ao alvo, inscreveu-se num curso básico de sobrevivência na selva, percorrendo trilhas pela Floresta da Tijuca, no intuito de se familiarizar com a natureza. Comumente aplicado aos aviadores e esportistas radicais, o curso orienta como obter fontes de água, fazer o fogo, atravessar riachos, construir cabanas, evitar os perigos silvestres e toda artimanha necessária.

Gloria seguia todos os dias, por uma semana, para a reserva ecológica na Tijuca. Metia-se no mato, escalando e descendo partes sinuosas da floresta. "Eu era uma pessoa sem intimidade com esse meio e foi fundamental para mim, mesmo aludindo ao clássico provérbio *ossos do ofício*, quando levei um tombo durante uma aula de hipismo." A queda foi tão forte que Gloria chegou a lesionar o cóccix. "Estava montando o cavalo e o animal deu um coice, me projetando para frente. Voei por cima dele e caí de costas num solo de areia. Uma queda espetacularmente dolorosa."

A autora do romance original, que a princípio parecia reticente com o fato de Gloria interpretar sua heroína, por fim se rendeu ao empenho da atriz. E quando questionada se achava que ela tinha o perfil ideal para viver Maria Moura, Rachel respondeu sem pensar duas vezes: "*Se não tinha o perfil, apossou-se dele.*"

"Leio muito. Busco me aproximar daquele universo da personagem. Visualizar como é aquela pessoa. E vou montando-a como um quebra-cabeça. Às vezes, não é fácil e, mesmo com tudo isso, pode ser insuficiente. Já aconteceu de a identificação completa com a personagem concretizar-se somente na véspera de gravar."

1994. Gravação da última cena da minissérie, quando Maria Moura resolve enfrentar seus inimigos, ao lado do primo Duarte (Chico Diaz).

1994. Gloria e o cavalo Baiano, durante um intervalo de gravação da minissérie.

1994. Gloria gravando a primeira fase da minissérie, quando Maria Moura encontra sua mãe morta.

1994. Bastidores da cena em que Maria Moura descobre que Cirino (Marcos Palmeira) traiu sua confiança.

1994. Gloria caracterizada como a heroína Maria Moura, numa gravação em Teresópolis.

© Arquivo Pessoal

1994. Gloria e o cavalo Baiano, parceiro de Maria Moura nas cenas de ação.

© Arquivo Pessoal

1994. Bastidores da cena em que Maria Moura é assediada pelo padrasto pela primeira vez.

1994. Gloria em cena com Bete Mendes, que interpretava a mãe de Maria Moura na minissérie.

Em fevereiro de 1994, começaram as gravações da minissérie, com uma sucessão de acidentes de percurso. O primeiro aconteceu durante um treino de tiro. "Quando atirei com a espingarda calibre 12, ela deu um solavanco para trás que quase destroncou o meu braço. Diante do nervosismo com a nova prática, apoiei a arma no lugar errado. Parecia que tinha levado um chute. Fiquei cheia de hematomas, que permaneceram por dias."

1994. Maria Moura usava e era usada pelos homens.

O outro aconteceu próximo à conclusão das gravações. Em meio ao calor infernal e roupas pesadas e quentes, Gloria levou um susto. O morro em que locavam a Fortaleza de Maria Moura era um local acessível somente a pé ou a cavalo. Gloria ia a cavalo, na companhia do contrarregra. Numa subida, a sela afrouxou-se e o animal começou a escoicear. Apavorada, Gloria saltou do lombo do animal, apoiando-se nos braços e rolando, numa cambalhota de costas. O contrarregra assistiu-a despencar

© Arquivo Pessoal

1994. Gloria e seu então assessor, Antônio Padilha, brincando com uma perna cenográfica, num intervalo de gravação.

no alto do morro. Felizmente, ela não sofreu nenhuma escoriação e nem teve maiores consequências. Apenas ficou dolorida. "Senti as sequelas somente sete anos depois, em 2001. Dores intensas me fizeram ir à terapeuta em RPG, Dra. Rita Menezes. Ela tirou todas as radiografias e perguntou se tive algum impacto em meus braços. Expliquei-lhe o tombo do cavalo e as informações coincidiram. Na queda, havia provocado uma torção no ombro e na coluna e nem sabia."

1994. Bastidores da cena em que Maria Moura resolve enfrentar seus inimigos e pede para que seus comparsas não a acompanhem.

"Aprendi mesmo a montar por causa da Maria Moura. Depois que terminei *Cabocla*, tentei vencer o medo de montar; matriculei-me na Hípica e fiz alguns meses de aula. Tinha alguma noção, mas com certo medo. Perdi o medo e ganhei o respeito, pois o cavalo é um animal possante e inteligente. Gosto de conhecer o cavalo primeiro."

Sempre que se olhava no espelho, sentia-se comovida. "Eu estava a cara da minha mãe, com aquela mistura bugre."

1994. Gloria sendo maquiada para gravar uma cena.

1994. Gloria e a equipe da minissérie, num intervalo de gravação.

1994. Durante as aulas de equitação, para as cenas de Maria Moura.

© Arquivo Pessoal

1994. Durante o Curso de Sobrevivência na Selva, que Gloria fez como parte dos preparos para Maria Moura.

© Arquivo Pessoal

1994. Memorial de Maria Moura - Marcos Palmeira, Gloria Pires e Chico Diaz.

1994. Ao lado de Cleo, que interpretou Maria Moura na 1ª fase da minissérie.

1994

THE NEW YORK FESTIVALS

FINALIST AWARD

PRESENTED TO

Globo Television Network - Brazil

for

"Memorial de Maria Moura"

(Merciless Land)

THIS AWARD IS PRESENTED IN RECOGNITION OF AN OUTSTANDING ACHIEVEMENT IN THE INTERNATIONAL COMPETITION FOR TELEVISION, FILM AND VIDEO COMMUNICATION.

GERALD M. GOLDBERG, PRESIDENT

1994. The New York Festivals - Certificado de Maria Moura.

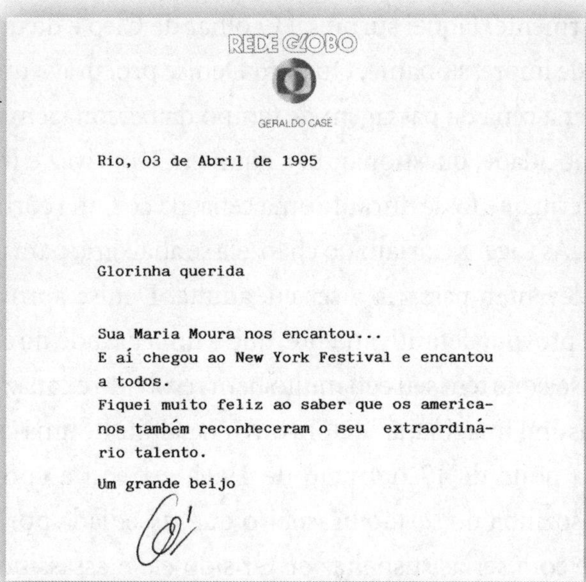

REDE GLOBO

GERALDO CASÉ

Rio, 03 de Abril de 1995

Glorinha querida

Sua Maria Moura nos encantou...
E aí chegou ao New York Festival e encantou a todos.
Fiquei muito feliz ao saber que os americanos também reconheceram o seu extraordinário talento.
Um grande beijo

1995. Carta de Geraldo Casé à Gloria.

Em determinado momento da história, quando parte em busca de seu El Dorado, Maria Moura corta seus cabelos. Com esse gesto, ela deixa para trás sua vida pregressa, num ritual de iniciação. Gloria não podia cortar seus cabelos àquela altura, e a solução foi o uso de uma peruca. Porém, o resultado não foi satisfatório. Levando em conta que a atriz passaria 90% do tempo com aquele visual, Denise Saraceni achou a solução: Maria Moura se apodera de um pano vermelho, e, como sua amiga, Bibiana (Zezé Motta), mãe de seu "irmão" Duarte (Chico Diaz), amarra as madeixas em um turbante, assim permanecendo até o momento em que encontra o amor. "Gostei da solução encontrada. Ficou bonito e simbólico, misturando culturas."

O orgulho de ver Cleo, então com 11 anos, atuando pela primeira vez, como Maria Moura menina, entorpeceu-a. "Ela fez exemplarmente. Fiquei surpresa! O olhar de Cleo é de uma profundidade impressionante. Quando Denise procurava uma ideia para fazer a cena da passagem de tempo da personagem menina para a mocidade, questionando a equipe, Cleo, vivaz e intrometida, sugeriu que fosse durante uma cena, na cozinha cortando os legumes. As vagens cairiam no chão, ela se abaixaria para pegá-las e, ao se levantar, passaria a ser eu, adulta. Denise aproveitou o *insight* e provou, definitivamente, que é uma grande diretora. Só uma pessoa que tem seu ego muito bem resolvido é capaz de uma atitude assim! Imagina, a diretora ouvir o palpite de uma criança?"

Na noite de 17 de maio de 1994, estreou a epopeia da mulher sozinha no sertão brasileiro que, assediada por seu padrasto, e com sérias suspeitas de ter sido ele o assassino de sua mãe, decide partir em busca de um sonho, sempre contado por seu falecido pai, sobre um El Dorado, terras suas num verdejante local, de onde ela só tem uma pequena escultura feita por ele. Incendeia a própria casa para despistar seus primos usurpadores, iniciando uma longa jornada cheia de aventuras e uma nova vida. Descobre o amor por Cirino (Marcos Palmeira), que se revela um traidor, colocando todo o bando em perigo. Seu senso de justiça grita mais alto e ela mata o amante traidor.

Maria Moura era um exército de si mesma. Exigia uma tonelada de destreza corporal e carga emocional de sua intérprete. Porém, também havia momentos de relaxamento, como os banhos de cachoeira no horário de almoço. Momentos de uma convivência enriquecedora com diretores e elenco.

Em 17 de junho de 1994, foi exibido o último dos 20 capítulos, e a numerosa audiência colocou a minissérie no *ranking* das campeãs.

No final de 1994, Gloria foi indicada à categoria de melhor atriz do Troféu Imprensa do SBT. Disputou com Christiane Torloni e Irene Ravache, mas não levou o prêmio.

Nessa época, em Goiânia, nos arredores da capital, Orlando e Gloria compraram dos herdeiros do avô de Orlando, as partes divididas de uma de suas fazendas e as integralizaram.

A ligação com a terra que a minissérie incutiu em Gloria se eternizava. "Até então, eu não tinha a menor convivência com esse universo agrícola, nem sonhava ser fazendeira. Maria Moura trouxe uma mulher poderosa de dentro de mim. Agradeço a tudo que aquela minissérie me deu."

Gloria Internacional

And the Oscar goes to
Gloria Paires and Laurorona!

Em 1994, Fábio Barreto enviou um roteiro, juntamente com o livro homônimo, *O Quatrilho*, e o filme a instigou. "O ruim de fazer cinema aqui é a falta de incentivo às produções. O bom é que fazemos mesmo assim e o nosso cinema é invejável."

Com roteiro assinado por Antônio Calmon e Leopoldo Serran, adaptado do romance do ex-padre José Clemente Pozenato, publicado em 1985, a obra já havia sido roteirizada para o teatro em montagem falada no dialeto vêneto. O título é oriundo de um jogo típico dos imigrantes italianos que consiste na troca de parceiros dos participantes, referindo-se às traições representadas na trama, envolvendo os casais Ângelo (Alexandre Paternost) e Teresa (Patrícia Pillar), Mássimo (Bruno Campos) e Pierina (Gloria Pires), uma mulher pragmática, que vê sua vida, e a de seus filhos, quase desmoronar, quando o marido a abandona.

A trama foi baseada em fatos verídicos na época da imigração italiana, passando-se no início do século passado. *O Quatrilho* foi, após a dita "Retomada do Cinema Nacional", a primeira produção brasileira a captar recursos com base na Lei do Audiovisual e empregar o prêmio do edital Resgate do Cinema Brasileiro do Ministério da Cultura, tendo um orçamento módico (cerca de R$ 1.800.000,00).

As filmagens começaram em janeiro de 1995, com locações em Caxias do Sul, Farroupilha, Carlos Barbosa, Bento Gonçalves e Antônio Prado, na Serra Gaúcha. Uma antiga ferrovia foi restaurada e reativada. Um moinho foi construído a partir da sucata de um modelo original, no subdistrito de Ana Rech, estruturas que acabaram se transformando em atração turística.

Após cada dia de filmagem, toda a equipe lia o texto das sequências, supervisionada pelo diretor. O resultado era notório no dia seguinte. "Há muita harmonia no *set* do Fábio, ele tem essa generosidade."

A escolha da música-tema, assim como em *Índia, A Filha do Sol*, teve mais uma vez o palpite de Gloria. "Quando nós chegamos ao Rio Grande do Sul, recebemos várias homenagens. Houve um almoço em que um coral de colonos italianos se apresentou cantando entre outras músicas, *Mérica, Mérica*, considerada um hino para eles. Era notória a importância da canção; nem conseguimos almoçar, tamanha a emoção!"

Retornando ao hotel, Gloria comentou com Fábio a possibilidade de a música ser o tema do filme. E ele respondeu que cogitava chamar Caetano novamente. "Sou suspeita para falar do Caetano. Acho linda a gravação que ele fez da música, com arranjo de Jacques Morelembaun."

Outra contribuição de Gloria foi no visual de Patrícia Pillar. Durante o teste de caracterização dos personagens, o falecido Guilherme Pereira, maquiador e cabeleireiro do elenco, não conseguia convencê-la de que ela ficaria bela com os cabelos presos e não prejudicaria a característica sensual de sua personagem.

Gloria interveio. "Eu e a Patrícia nos demos muito bem desde o início. Éramos cúmplices. O Fábio estava matutando a questão do cabelo dela. Soava indecorosa uma mulher usar cabelo solto naquela época. E eu, como sou metida, perguntei a Patrícia se poderia tentar um modo diferente de prender o cabelo dela. Ela consentiu. Pedi um óleo Nujol e passei, enquanto ia puxando e prendendo, mecha por mecha, com grampos. Deixei apenas uns fios caídos. Ela adorou e o Guilherme adotou a técnica."

Durante os dois meses confinados no Sul, Gloria só veio ao Rio quando Cleo sofreu uma indisposição. "Fiquei histérica. Minha mãe havia sofrido aquele aneurisma e temi que tivesse alguma ligação, pois a Cleo vomitou e desmaiou, exatamente como havia acontecido com minha mãe! Avisei ao Fábio o que estava acontecendo e ele me liberou. Graças a Deus, deu tudo normal e voltei para as filmagens aliviada."

1995. A sequência mais famosa do filme, em que Pierina invade a igreja e dá um sermão em Padre Gentile (Cecil Thiré).

1995. Tereza (Patrícia Pillar) e Pierina (Gloria Pires), as protagonistas de O Quatrilho.

Uma das cenas preferidas de Gloria no filme e de maior repercussão aconteceu quando Pierina, grávida de Ângelo, invadiu a missa para se defender das acusações grosseiras que Padre Gentile (Cecil Thiré) declarava sobre ela aos fiéis. Iniciaram a sequência da igreja, mas tiveram que interromper para almoçar. Porém, Fábio não queria dar intervalo, suspeitando que a emoção dos atores se perdesse. "Era uma cena trabalhosa e detalhista, com uma *decupagem* complicada. E o neném, dormindo no meu colo, de repente acordou mal-humorado e chorando. Foi o momento mais difícil de filmar, mas compensou."

Ao visitar a locação da casa de Pierina, Gloria teve um bom presságio. "Na hora em que nós chegamos ao sítio, a minha casa era uma graça, e tinha uma grutinha com uma imagem de Santa Bárbara por trás. Tenho muita simpatia por essa santa. Na mesma hora, entendi o sinal dos céus."

As filmagens terminaram em março do mesmo ano. A cada trabalho, um aprendizado: se em *Índia* ela levou as lições de conviver com os índios Javaés e Ava-Canoeiros, em *O Quatrilho* foram os colonos italianos que deixaram saudade. "É um tipo de vida que achamos não existir mais, mas que existe. E é exatamente como há alguns séculos. Os colonos trabalham muito mesmo, e têm as maiores mãos que eu já vi na minha vida, mais do que serem calejadas, elas são imensas e comoventes. É uma vida de muito trabalho e sacrifício. A relação com a terra é ancestral, pela fabricação do vinho. Eles são amáveis, hospitaleiros e respeitadores, mantendo um código de comportamento muito severo. Eles apertam com firmeza a mão da gente e dão um tapão nas costas como cumprimento. Tudo com muito carinho."

Na pré-estreia do filme, no Cine Embaixador, em Porto Alegre, uma segunda sessão precisou ser providenciada. Em agosto daquele mesmo ano, enfrentando um frio de quatro graus, Gloria foi destaque no Festival de Cinema de Gramado, que dobrou a sua lotação.

Os prêmios de melhor atriz da Associação Paulista de Críticos de Arte e do Festival de Viña del Mar, no Chile, ganham até hoje destaque em sua estante. No Festival de Havana, *O Quatrilho* arrecadou prêmios nas categorias de Melhor Atriz, com Gloria Pires; Melhor Trilha Sonora, de Jacques Morelembaun; e Melhor Direção de Arte, de Marcos Flaksman.

Ainda em Cuba, Gloria recebeu o Prêmio Coral pela melhor atuação feminina no Festival Internacional do Novo Cinema Latino-Americano. No Cine Art UFF — Universidade Federal Fluminense — em Niterói, uma pesquisa com 500 espectadores elegeram, inquestionavelmente, Gloria Pires e Marieta Severo como as melhores atrizes de todos os filmes nacionais e estrangeiros exibidos no Brasil naquele ano.

A cada prêmio ou elogio que o filme conquistava, proveniente de críticos e cineastas, Fábio Barreto telefonava eufórico para Gloria, compartilhando a novidade. Com tantos méritos e um merecido retorno financeiro, certamente a parada final de *O Quatrilho* seria em Los Angeles, na festa do Oscar. E de fato ocorreu, em 13 de fevereiro de 1996. Antes mesmo do meio-dia, a imprensa brasileira comemorou a indicação do filme ao Oscar, concorrendo na categoria de Melhor Filme Estrangeiro.

"O filme foi especial. De época em época, pintava uma surpresa gratificante em relação a ele: que seria exibido em Los Angeles, que o presidente queria assisti-lo, que o público lotava as salas de projeções... A notícia da indicação ao Oscar coroou isso tudo. Não foi totalmente inesperado, era algo que já se pretendia. E chegamos lá!"

O dramaturgo e escritor Arthur Miller, então Presidente da Academia de Artes e Ciências Cinematográficas de Hollywood e o músico Quincy Jones anunciaram oficialmente a indicação do filme ao Oscar, às 5 horas e 30 minutos da manhã de 13 de fevereiro de 1996. O cinema brasileiro subiu de 0,1% para 4% nas bilheterias. Só *O Quatrilho* atraiu cerca de 800.000 pessoas ao cinema no ano do seu lançamento.

Sua indicação ao evento cinematográfico mais difundido no mundo quebrou um jejum de 33 anos. Desde 1962, com a indicação de *O Pagador de Promessas*, de Anselmo Duarte, baseado na peça de Dias Gomes, o Brasil não disputava um Oscar. O telefone da fazenda em Goiás tocou e Fábio comunicou a Gloria, afoito e a milhares de quilômetros de distância, que atingiram, por fim, a expectativa tão sonhada: iriam competir pelo Oscar!

Mentalmente ela viajou ao passado. "Na minha adolescência, dos meus 13 aos 16 anos, assisti aos Oscars. Depois, não tive mais tempo nem tanta paciência. Nessa época em que assistia, imaginava algo muito romântico daquela cerimônia. Eu e o Laurinho Corona brincávamos muito. Ele dizia que um dia

1995. Gloria Pires e Patrícia Pillar recebem a visita de Luiz Carlos Barreto, o "Barretão", durante as filmagens no Rio Grande do Sul.

1995. Gloria Pires e Patrícia Pillar, no ensaio de uma cena, feito com bonecos, simulando os bebês.

1996. Gloria sendo ovacionada ao chegar ao festival de Gramado, pelo filme O Quatrilho.

ganharíamos um Oscar, e eles nos anunciariam com sotaque americano: *And the Oscar goes to Gloria Paires and Laurorona!*"

Nos preparativos para a viagem, ofertaram-lhe dezenas de propostas do que vestir. Consciente de que representaria o seu país ao lado do elenco, e o quanto aquilo seria simbólico para a sua carreira, optou por um vestido fora do convencional.

"Pensei: todo mundo vai de pretinho e não quero ser mais uma. Não sei se eu vou voltar ao Oscar de novo e, se eu voltar, não sei quando, portanto, quero uma coisa meio Frida Khalo, meio *roça-chic*." A solução veio da sua própria grife, *Set*. Um vestido de seda com rosinhas vermelhas no fundo branco, tomara-que-caia e uma estola de veludo verde-escuro. As joias eram de diamantes amarelos, do designer Ricardo Filgueiras.

Hospedados num hotel em Los Angeles, enquanto se arrumavam com antecedência, Patrícia Pillar, usando um longo azul-marinho bem decotado com uma fenda que vinha quase até a cintura, assinado por Ocimar Versolato, bateu à porta do quarto de Gloria, perguntando se poderia ajudá-la a arrumar o cabelo.

"Claro", respondeu-lhe Gloria, e admirou: "Que loucura esse vestido, menina!" Porém, Patrícia estava desconfortável: *"Como é que eu vou andar? Vou ter que ficar segurando isso?"* Calmamente, Gloria utilizou o básico kit de costura distribuído nos hotéis e fechou um pouco a tal fenda do vestido de Patrícia por dentro. "Não tínhamos tesoura e peguei o aparelho de barbear para cortar a linha. Acabei cortando o meu dedo."

Por volta de meio-dia, compareceram a um almoço que fazia parte do evento, que durou três horas. A equipe seguiu em duas limusines ao monumental Dorothy Chandler Pavillion, onde realizam a cerimônia. Desembarcaram sobre o clássico tapete vermelho, onde todos veem e são vistos.

"No fundo, o Oscar foi uma tremenda decepção, descontando a beleza de ver toda aquela estrutura e participar daquele momento. Deve ser a mesma coisa para quem nunca foi ao Projac, por exemplo. Eu me lembro que levei dois sobrinhos para assistirem a uma gravação, certa vez, e eles ficaram encantados. Não imaginavam que aquilo tudo era feito dentro de um estúdio. E quando a gente assiste ao Oscar, na verdade é só a gravação de um evento realizado num auditório abarrotado de gente famosa. Os premiados têm uma entrada especial. Nos intervalos, você pode sair, mas é tudo rápido, pois se for ao banheiro pode perder alguma atração numa questão de minutos. O meu drama era esse. Não queria perder nada e na programação não tinha o momento dos intervalos, apenas a ordem dos acontecimentos. Fiquei naquela expectativa de nem poder ir ao banheiro, porque se fechassem as portas e eu perdesse algo importante, morreria de raiva."

No Brasil, a situação era digna de uma final da Copa do Mundo. Bares, restaurantes e boates estavam lotados. Apostas foram feitas. "Fábio Barreto, cuidadoso ao extremo para que não nos decepcionássemos, nos convocou para uma reunião, alertando que seria muito difícil ganharmos. Retrucamos. E ele insistiu: *"É muito difícil, pelo fato de o filme não ter sido distribuído no mercado americano. Os membros da Academia só poderão assistir ao filme se aceitarem ir às sessões matinais privadas!*

Quem, em Hollywood, vai acordar cedo, para ver um filme brasileiro? Nossas chances de votos diminuíram demais por isso!"

No cobiçado momento do "Melhor Filme Estrangeiro", o Brasil prendeu a respiração quando o ator Mel Gibson apresentou o vencedor da noite: o holandês *A Excêntrica Família de Antônia*. "O Oscar é como uma associação. Todo mundo que já foi indicado torna-se membro da Academia. São técnicos, diretores, atores, figurinistas. Quando o filme concorrente a filme estrangeiro não entra no circuito, então, há menos chances, pois o filme fica restrito às sessões da Academia, em horário matinal. É lógico que não votarão em algo que não viram. Essa informação ninguém dá. Para que tivéssemos a real chance de vencer, precisaria ser distribuído nos Estados Unidos como um filme deles. O importante é que a indicação de *O Quatrilho* serviu de alavanca para incentivar o Brasil a investir no aumento da produção do nosso cinema."

O filme também provocou alvoroço no 46º Festival de Berlim, onde os compradores internacionais fizeram até fila para adquiri-lo. E uma votação realizada pelo jornal *US Today*, na internet, na véspera do Oscar, qualificou-o pela maioria dos internautas como o melhor filme estrangeiro daquele ano.

A Montanha e a Chuva

Atuar desgasta emocionalmente.

A imersão de Gloria no cinema nacional não parou. Um projeto que já durava seis anos, saiu do papel: *O Guarani*, de Norma Bengell, adaptado do clássico literário de José de Alencar e roteirizado por José Joffily Filho. Mas não trouxe tanta alegria quanto o anterior. Em 1990, Norma havia convidado Gloria para viver a romântica e introspectiva Isabel, irmã bastarda da protagonista Cecília (Tatiana Issa). Gloria aceitou, prontamente. Estranhamente, semanas depois, Norma a procurou e se desculpou, alegando que havia se enganado na escolha da atriz. "Eu disse que tudo bem, que era normal isso acontecer. E desencanei."

No entanto, anos depois, Norma novamente a procurou, anunciando que conseguira viabilizar o filme e reiterava o convite. "Fiquei grilada, mas nessas horas, treino a minha humildade. Suspirei fundo e aceitei."

Semanas depois, Norma voltou a entrar em contato com Gloria, avisando que ela havia se enganado, realmente. "Não entendi nada e fiquei chateada, lógico, pois eu tinha retomado também uma situação que já estava até esquecida. E era uma personagem que eu gostava, de uma história que achava bacana. Mas deixei pra lá."

Em alguns dias, Gloria recebeu um terceiro telefonema de Norma, efetuando o convite. "Achei aquilo tudo muito esquisito e perguntei qual era, afinal, o problema, já que era a terceira vez que a situação se repetia. Ela, pacientemente, me convenceu de que não tinha nada a ver, e que contava comigo. Fiquei muito desconfiada, mas aceitei."

Com tudo aparentemente esclarecido, as filmagens começaram, alternadas entre o Pantanal, o Nordeste e o Rio de Janeiro. Todavia, uma série de desentendimentos entre a diretora e a atriz impregnou o *set* de discórdia. "Nossa convivência ficou muito difícil. Ela implicava comigo por coisas infundadas. Não entendi o porquê daquilo. Uma hora estava tudo bem; em outra, vinha a *bad trip*. Jamais tive o hábito de ser maltratada. Norma não é uma pessoa de convivência pacífica. Resolvi não me desgastar. E trabalhamos juntas até o fim. Ela, como a diretora; e eu, como atriz, numa relação estritamente profissional, sem empatias. Foi horrível."

A desarmonia não piorou porque Gloria filmava raramente. "Norma devia estar passando por uma fase complicada e eu não tinha a maturidade de hoje. Não entendi o seu momento e nem a agressividade dela. Mas graças a Deus, não sou de guardar ressentimentos."

1996. Em cena como a cartomante Bel, de Pequeno Dicionário Amoroso

Durante a pré-estreia do filme, Gloria estava gravando a novela *O Rei do Gado* e não pôde comparecer. Orlando achava que ela deveria ser representada de qualquer maneira, e foi em nome da esposa, acompanhado por Cleo e Antonia, então com três anos, que assistiu na plateia, ao lado do pai e da irmã, com absoluta atenção.

Ao fim da exibição, Orlando cumprimentou Norma, que perguntou afetuosamente à Antonia se havia gostado do filme. Com um sinal positivo da menina, Norma prosseguiu: "*Então me conta do que você mais gostou!*" E Antonia respondeu: "*Do colar!*" Referindo-se ao adereço que a personagem de Gloria usava, com certa importância no enredo. Gentilmente Norma tentou obter o colar para presentear a menina, mas era uma peça que havia sido emprestada para as filmagens.

Em meados de 1996, Gloria, atenta às questões sociais do Brasil, cedeu voluntariamente sua imagem a um comercial de tevê para salvar a APAE — Associação de Pais e Amigos dos Excepcionais —, despertando a população para a instituição. E colaborou com a Campanha Contra a Fome, coordenada pelo sociólogo Betinho, doando uma colheita inteira de arroz colhido em 150 hectares de sua fazenda ao projeto Grãos, mantido pelos funcionários da EMBRAPA — Empresa Brasileira de Pesquisas Agropecuárias — em regime de comodato.

No cinema, fez uma participação na comédia romântica *Pequeno Dicionário Amoroso*, de Sandra Werneck, protagonizado por Andréa Beltrão e Daniel Dantas. No elenco, Tony Ramos,

Mônica Torres e José Wilker. "Adorei aquela participação! Foi feita em dois dias!"

Finalmente, Gloria teve sua primeira experiência em direção, com o clipe da música *A Montanha e a Chuva*, de Orlando Morais, gravado numa praia quase deserta em Grumari e na Prainha, no Rio. A música foi tema da novela *Explode Coração*, de Glória Perez. "Embora tenha sido breve e apenas uma vez, adorei a experiência!"

La Chica Mala

Trabalhei desde muito jovem, e por isso,
tive muito pouco tempo para mim.

A partir de junho de 1996, Gloria viveria, em horário nobre, a personagem dúbia Marieta Berdinazzi — na verdade, Rafaela Berdinazzi —, em *O Rei do Gado*, de Benedito Ruy Barbosa, dirigida por Luís Fernando Carvalho, Carlos Araújo, Emílio di Biasi e José Luiz Villamarim.

O autor reservou a ela o papel da boia-fria Luana. "Eu já tinha feito *Cabocla* e *Memorial de Maria Moura*, e achei que essa personagem não me acrescentaria muita coisa. Então, o Benedito me falou da Marieta, que era uma personagem provocante, parte mais policial da história, e que teria um mistério. Ela seria uma impostora, mas havia a possibilidade de, no final, descobrirem que era realmente a outra sobrinha do fazendeiro Geremias Berdinazzi (Raul Cortez). E aceitei, confiando plenamente em Benedito, porque tínhamos trabalhado em *Cabocla*.

Ele também havia me chamado para fazer a Juma Marruá, de *Pantanal*, na Manchete. Houve algum problema, porque ele não desenvolveu a personagem, como havia falado. É horrível quando você espera algo que não vem."

Um corte radical nos cabelos serviu de ação primordial para interpretar a vilã que foi sem nunca ter sido. Rafaela fingia ser Marieta, a verdadeira sobrinha de Geremias Berdinazzi, almejando a fortuna do tio. O abastado fazendeiro, desprovido de herdeiros, contava com a única restante de sua família, a sobrinha Marieta, que na verdade era a sem-terra Luana.

Como atenuante da farsa de Rafaela ou Marieta, ela se envolveu com Marcos Mezenga (Fábio Assunção), filho do maior inimigo de seu tio Geremias, Bruno Mezenga (Antônio Fagundes). Totalmente sem rumo na trama, a personagem de Gloria tem um desfecho medíocre, terminando desnorteada numa fazenda doada pelo tio. "Arregacei as mangas e levei a missão até o fim, dignamente. Foi o que me restou fazer."

Durante aquele ano, veio da publicidade um bom momento artístico: Clóvis Mello convidou Gloria para a campanha de uma seguradora. O produto era aposentadoria, que Gloria "vendia", estando com 70 anos! "A trabalhosa sessão de maquiagem durou quase seis horas, com dois maquiadores vindos especialmente de Los Angeles. Foram três comerciais dessa série: com o Marco Nanini, Diogo Vilela e eu, todos velhinhos."

Se *O Rei do Gado* causou frustração em Gloria, ao menos gravava pouco e pôde acompanhar Orlando em Paris, onde ele gravava a base de seu álbum *Abismo Zen*, com o baterista Manu Katche e o cantor Geoffrey Oryema.

Também viajaram para Cuba, em virtude de um show de Orlando e da repercussão de *Mulheres de Areia*, exibida no país. A grande receptividade do público a surpreendeu, aclamada pelos cubanos como *La chica mala* — a menina má — por Maria de Fátima, em *Vale Tudo*.

"Cuba foi incrível! É comovente! Anos mais tarde, quando assisti ao filme *Buena Vista Social Club*, com Orlando, choramos demais."

O rompimento das fronteiras de *Mulheres de Areia* também conduziu Gloria à Venezuela, participando de um Fórum de Cinema. Em Caracas, Gloria interagiu com vários atores, chegando a ir à casa de um deles. As informais conversas ajudaram-na a trocar impressões sobre seus respectivos trabalhos. "Eles foram muito amorosos. Essas experiências em Cuba e na Venezuela foram especiais porque geralmente quando vamos a esses eventos, concedemos entrevistas e conhecemos lugares, mas temos ínfimas oportunidades de conviver com as pessoas."

Um acontecimento a surpreendeu em meio às gravações de *O Rei do Gado*. "Raul Cortez e eu estávamos saindo para almoçar, quando um homem veio falar comigo em espanhol: *"Com licença, Gloria Pires?"* Respondi que sim. E ele: *"Sou Peter Rawley, produtor e ex-agente de Faye Dunaway. Vim ao Brasil com ela. Nós assistimos ao seu filme,* O Quatrilho. *Ela adorou o seu trabalho e, inclusive, está aqui. Por favor, gostaria muito de apresentá-las!"* Lógico que fui até ela, prontamente, imagina,

1996. Gloria como a insossa Rafaela Berdinazzi, de O Rei do Gado.

1996. Gloria em gravação da cena do casamento de Rafaela com Otávio (Guilherme Fontes), em O Rei do Gado.

© Arquivo Pessoal

1996. Gloria e Guilherme Fontes descontraídos, durante um intervalo das gravações de O Rei do Gado.

aquela deusa?! Faye me olhou de cima abaixo, segurando minhas mãos, com aquele olhar intenso, penetrante, e por fim, exclamou: *"É você? Como você é pequena! Mas seu trabalho é grandioso! Adoro a sequência do sexo na mesa de jantar!"*

"Alguns meses depois, Betty Kaplan, diretora norte-americana, casada com Peter, veio ao Brasil e me convidou para fazer o *remake* do filme que originalmente tinha por estrela a mexicana Maria Felix, *Dona Bárbara.* Já tinha tido experiências tão frustrantes naquele ano, que não me atrevi a aceitar. Precisava de um tempo! Porém, Betty ficou encantada com o trabalho do Orlando e o convidou a fazer a música-tema do filme."

A partir de 25 de novembro de 1996, a Globo reprisava *Mulheres de Areia,* no programa vespertino *Vale a Pena Ver de Novo,* angariando altos índices de audiência, maiores até do que os de *Anjo de Mim,* trama das 18 horas, inédita na época. Na Rússia, a novela elevou-se ao patamar de um clássico. A popularidade de Gloria na Rússia serviu até de propaganda forjada pelo partido de Bóris Yeltsin, que usou indevidamente sua imagem e falsas declarações estampadas no jornal *Nye Dai Bog* — que em português significa *Deus me livre* — para promover o partido nas vésperas das eleições, com Gloria supostamente dizendo: *"Os comunistas jamais dariam paz e estabilidade aos russos. Acho que as eleições russas são um problema que diz respeito ao mundo inteiro".*

Gloria ficou revoltada. "Fui procurada durante um mês por eles, mas me neguei a dar entrevista por falta de tempo. Depois, topei responder a umas perguntas, via fax, que não tinham nada a ver com política. Nunca dei apoio a Yeltsin. Disse apenas que o povo russo saberia escolher seu líder melhor do que eu. Na época, nem entendi o porquê daquela insistência, não tinha a menor ideia da minha popularidade por lá. Senti-me desrespeitada e invadida."

Ninguém se responsabilizou pela corrupta atitude, tampouco o partido de Yeltsin. No dia das eleições russas — cujo voto não é obrigatório — o partido programou a exibição de um capítulo extenso de *Mulheres de Areia* — batizado em russo de *Os Segredos de Tropicana* — para impedir que seus eleitores deixassem de votar e viajassem para suas casas de campo, onde não chega sinal para transmissão. A estratégia política deu tão certo que, de candidato impopular, Bóris Yeltsin reelegeu-se com uma diferença de 600 mil votos.

"A sucursal inglesa da Globo me advertiu do caso. Inconformada, decidi tomar as providências cabíveis. Conversei com o Geraldo Casé, então Diretor do Departamento Internacional. Ele me aconselhou a não fazer nada, até porque o partido do Yeltsin negava assumir a má intencionada publicação. "*Você vai comprar uma briga num país distante, que passa por profundas reformas e uma calamidade política, econômica e social seriíssimas. Esqueça, ou só terá aborrecimentos. No fim, é capaz de você receber tapetes como pagamento, pois o país está em crise!*" Convencida, preferi não me envolver mais."

O Rei do Gado findou em 15 de fevereiro de 1997, colecionando mais uma indicação de Gloria ao Troféu Imprensa, disputando com Patrícia Pillar e Débora Bloch — esta última, por Teodora de *Salsa e Merengue* — que levou o troféu para casa.

Extremamente insatisfeita com o rumo que sua carreira estava tomando, Gloria cogitou largar a tevê por um tempo. "Queria resgatar algo que nunca tive. Entrei numa certa crise. Trabalhei desde muito jovem, graças a Deus, e por isso tive muito pouco tempo para mim. Viajava mais a trabalho que a passeio. Custei a me permitir aproveitar a vida. E aquela novela foi barra-pesada para mim, meu ego, minha carreira. Imagino que também não deve ter sido fácil para o Benedito."

Desde que se casaram, Gloria e Orlando residiram em diversos endereços até se fixarem, a partir de 1997, no mais novo refúgio, a bela residência construída no alto de São Conrado, com vista para o mar e uma vizinhança verdejante. A casa de seus sonhos.

No mesmo ano da tão esperada mudança residencial, acompanhou Orlando a Los Angeles, para a gravação da música-tema do filme *Dona Bárbara*, sem saber que outra vilã a aguardava: a TV Globo precisava alavancar a audiência das 18 horas, em queda durante a novela *O Amor Está no Ar*, de Alcides Nogueira. Planejavam o *remake* de *Anjo Mau*, grande sucesso de Cassiano Gabus Mendes, exibido em 1976.

Gloria seria a babá Nice, interpretada por Suzana Vieira na versão original. A personagem despertou o ódio dos telespectadores, com maldades hoje consideradas inócuas. A emissora contava com o dinamismo de Maria Adelaide Amaral, colaboradora de Silvio de Abreu e Cassiano Gabus Mendes em algumas novelas, que seria a autora responsável.

A única mudança em relação à versão original foi a transferência do Rio de Janeiro para São Paulo. "Gravávamos num estúdio no Rio, e as externas em São Paulo. Era muito cansativo. A casa que servia de mansão dos Medeiros ficava localizada na mesma Avenida do Palácio do Governo de São Paulo. Um trecho muito movimentado, com barulho constante de trânsito que prejudicava a gravação. Ficava quase impossível gravar lá."

A princípio, não havia nome algum escalado para viver a protagonista. Os diretores Carlos Manga e Denise Saraceni analisaram algumas fitas da primeira versão, a fim de se familiarizarem mais com a trama e pensarem na atriz perfeita, e concordaram que seria Gloria.

Nice era uma moça pobre, filha da costureira Alzira (Regina Dourado) e do marginal Josias (Átila Iório). Rejeitada pela mãe, que via na filha a lembrança de seu passado doloroso, foi abandonada num orfanato desde que nasceu. Aos sete anos, a mãe recuperou a filha, não cessando mesmo assim o desprezo por ela.

Em contrapartida, foi no padrasto Augusto (Cláudio Corrêa e Castro), motorista da refinada família Medeiros, que Nice encontrou a segurança paterna, além de contar com o apoio do irmão Luiz Carlos (Márcio Garcia), do segundo casamento da mãe. Nice achava-se merecedora de uma vida melhor, e em seu devaneio social apaixonou-se pelo patrão, Rodrigo Medeiros (Kadu Moliterno), noivo de Paula (Alessandra Negrini), que foi sua grande rival.

1997. Gloria deu vida à babá Nice, no *remake* de Anjo Mau.

1997. Bastidores da gravação da cena do casamento de Nice e Rodrigo (Kadu Moliterno).

1997. Gloria em cena com o bebê Téo, vivido pelos gêmeos Thiago e Bruno De La Roque.

1997. Anjo Mau - Em cena com o bebê Téo.

1997. Anjo Mau - Nice, insatisfeita, em seu antigo trabalho.

1997. Gloria num intervalo de gravação na cidade cenográfica de Anjo Mau, no PROJAC.

Gloria sempre defendeu suas personagens, sejam elas sensatas ou inescrupulosas. "Surge uma interpretação errônea quando se fala 'defender a personagem', pois quem não é do meio, subentende que características foram mudadas para que uma 'vilã' se transformasse em 'heroína'; porém, essa 'defesa' se dá no sentido de buscar razões para interpretar tais atitudes de forma humana e real. Com Nice não foi diferente. Quando rejeito o rótulo de 'vilã' para Nice, é porque seria uma definição muito simplista. Era uma mulher sozinha, ingênua e recalcada, que tinha muitos complexos e abria as portas que conseguia. Seu horizonte tão restrito a levou a amar um homem que ela nem conhecia direito, a projeção de sua fantasia de vida perfeita. Diga-se de passagem, que, nos anos 70, uma novela que tinha como protagonista uma babá, e que esta, ainda por cima ousava desejar o patrão deve ter incomodado demais. Eu me lembro de não querer assistir à novela (a primeira versão) porque tinha medo! É óbvio que o título se refere justamente à forma crítica como o autor imaginou que sua protagonista seria vista pelo público, porque o histórico de Nice não mostra nenhuma vilania."

Uma das cenas principais da novela — e a preferida de Gloria — foi o sequestro de Nice, gravada à noite, num local lúgubre da Colônia Juliano Moreira, em Jacarepaguá, Zona Oeste do Rio. "Essa cena foi muito marcante. Considero como uma das melhores de minha carreira. O lugar era horroroso. Ensaiamos e gravamos de primeira, possuídos por uma emoção fortíssima e a adrenalina à flor da pele. Talvez tenha sido a minha melhor cena na novela."

Anjo Mau estreou em 8 de setembro de 1997, às 18 horas. "A cada estreia me dá um nervoso, uma insegurança, um frisson." O objetivo foi atingido, pois a novela superou as expectativas de audiência da emissora, que investiu pesado no *remake.*

A Globo passava por mudanças radicais. A saída de José Bonifácio de Oliveira Sobrinho, o Boni, superintendente, que fazia parte da fundação da empresa, desestruturou Gloria. "Nem havíamos terminado a novela e confesso que isso me trouxe uma onda de pensamentos ruins. A saída do Boni me deixou um pouco órfã. Mudanças sempre acarretam incertezas. E a ausência dele me deu muita insegurança e certa nostalgia, também. No resultado de tudo, aquele foi um trabalho do qual não me arrependi, embora tivesse ressabiada depois de *O Rei do Gado.* A novela foi muito bem cuidada. Havia detalhes técnicos que faziam a diferença. E o elenco estava impecável, o que proporcionou uma torrente de emoções."

A novela teve seu desfecho em 28 de março de 1998. Uma surpresa idealizada por Carlos Manga serviu de homenagem à primeira atriz que viveu Nice, Suzana Vieira. O último capítulo da novela foi destrinchado pela imprensa especulativa. Nice, na primeira versão, morria logo após o parto de seu filho com Rodrigo. No *remake*, a dúvida seria se ela morreria ou não. O povo se dividia. Um percentual recusava a morte da babá carismática. Outro, exigia a fidelidade à trama original. "Estava preparada para morrer. A morte de Nice deveria ter sido mantida, tal qual a versão original. Ficaria mais dramático. Mas a vontade do público impera. Se as pessoas não queriam, é justo satisfazê-las."

1997. Cena em que Nice é levada a uma festa por Rodrigo.

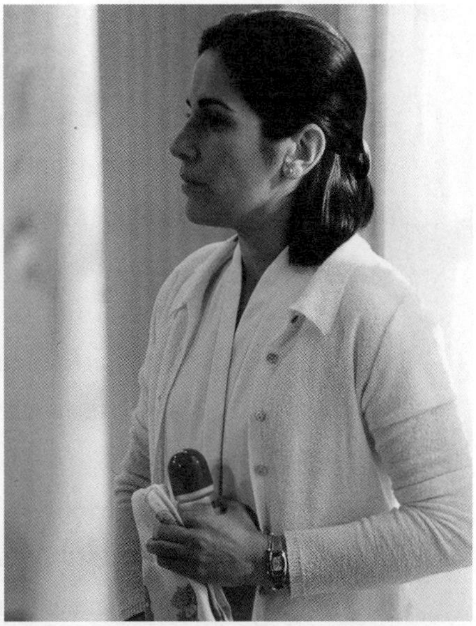

1997. Nice, pronta para desmascarar o romance de Paula (Alessandra Negrini) e Ricardo (Leonardo Brício).

1997. O casamento de Nice e Rodrigo.

Um novo destino foi traçado por Maria Adelaide Amaral. Nice terminou vivíssima e feliz, ao lado do filho João Victor. Ao chegar em casa, Nice era apresentada à nova babá — Suzana Vieira. A cena instaurou um rio de lágrimas no estúdio. "Não sabia se chorava pela minha Nice ou pela Suzana Vieira, que estava emocionadíssima no estúdio, com a linda homenagem criada pelo Carlos Manga. Só sei que não conseguia parar de chorar. Foi um sacrifício gravar a cena. Demoramos muito para nos recompor e os diretores só não cancelaram a gravação porque a Suzana só podia gravar naquele dia."

A indicação de Melhor Atriz do Troféu Imprensa daquele ano recaiu novamente sobre Gloria, pela fama da arrivista babá, disputando com Regina Duarte (pela Helena, de *Por Amor*) e Eva Wilma (pela vilã Altiva, de *A Indomada*), que acabou sendo a vencedora.

O rumor que assolava os corredores globais era o provável *remake* da novela *Dancin' Days*. E Gloria seria, desta vez, Yolanda Pratinni. Malu Mader faria Júlia Mattos. "Criei certa expectativa pelo projeto. Por outro lado, foi bom não ter acontecido, pois a novela foi muito especial, e não sei se uma nova versão resgataria aquela emoção."

Para comemorar os 10 anos de casados, Gloria e Orlando viajaram para Portugal com as filhas, Cleo e Antonia. Ela participou da cerimônia de entrega dos prêmios do *Globo de Ouro*, na SIC. Reviram o compadre José Costa Duarte, no Hotel Ritz, em Lisboa. E partiram para Los Angeles, onde Orlando gravou o clipe da música-tema do filme *Dona Bárbara*, ambos dirigidos por Betty Kaplan. Hospedaram-se na casa da irmã de Orlando, Rose, que residia em Santa Bárbara, a poucas horas de Los Angeles.

A Copa do Mundo se aproximava e Orlando comentou com Gloria que talvez fosse uma boa oportunidade para morarem uns meses em solo americano. "Provavelmente, não seria escalada tão cedo para outra novela, e ficamos com uma ótima impressão da Califórnia. Pensamos... Por que não?"

Um Veneno Nada Suave

Nos Estados Unidos, tudo funciona
como a música do Caetano.
Onde o branco é branco, o preto é preto
e a mulata não é a tal..

Vencidos os primeiros meses de adaptação no território americano, onde se instalaram na casa da irmã de Orlando, em Santa Bárbara, alugaram uma casa de seis quartos em Hancock Park, ao lado de Bervelly Hills, e passaram a ter uma rotina completamente diferente da do Brasil. Lá, eram pessoas comuns.

Ao lado da família, levava as filhas para a escola, praticava ginástica, ia ao supermercado e ao cabeleireiro.

Vizinha dos astros americanos, era inevitável não se deparar com eles em lugares públicos e em eventos. "Em Beverly Hills, vi o Steven Spielberg na porta de uma sinagoga. Além de Dustin Hoffman e Jodie Foster."

Durante parte de seu cotidiano, ela e a inseparável cunhada levavam Antonia e sua prima Maria para o ginásio em que as meninas treinavam ginástica olímpica. Ao adentrarem o clube, repararam que todos as fitavam. Gloria se virou rindo para a cunhada e brincou: "Será que eles estão vendo que nós somos turistas?"

Um rapaz se deslocou da multidão e a abordou, comentando num inglês quase inaudível e com forte sotaque, que ela se assemelhava à mulher de um filme que contava a história de duas gêmeas. Gloria interveio: "Ah, uma novela?" Ele consentiu. E ela sorriu: "Sou eu mesma". O rapaz, agitado, correu confirmando a suspeita de todos. Em minutos o local se tornou uma comoção que cercou Gloria. Todos queriam tocar, abraçar e falar com ela. "Foi muito engraçado. Tudo devido ao sucesso que *Mulheres de Areia* causou na Rússia."

Reencontraram o casal Peter Rawley e Betty Kaplan. Ela, que havia convidado Gloria para participar de seu filme *Dona Bárbara*, cuja trilha fora feita por Orlando, renovou o convite para trabalharem juntas. Gloria comentou que Frida Khalo seria uma personagem que adoraria fazer. E foi uma surpresa descobrir que Betty era amiga de Marta Zamora, biógrafa oficial de Frida, e tinha um roteiro desenvolvido havia alguns anos. Entusiasmadas, levaram a proposta com afinco.

"Existia, na época, três projetos de cinema sobre a Frida. E o que li foi o mesmo que a Salma Hayek acabou filmando. Nos Estados Unidos, tudo funciona como a música do Caetano, *onde o branco é branco, o preto é preto e a mulata não é a tal.* Eles levam a sério a questão racial. Para os latinos, que são nascidos e vivem lá, latino é quem fala espanhol. Não consideram o Brasil um

1999. Suave Veneno - Gloria era Lavínia, uma mulher misteriosa que, inicialmente, assumiu a identidade de Inês.

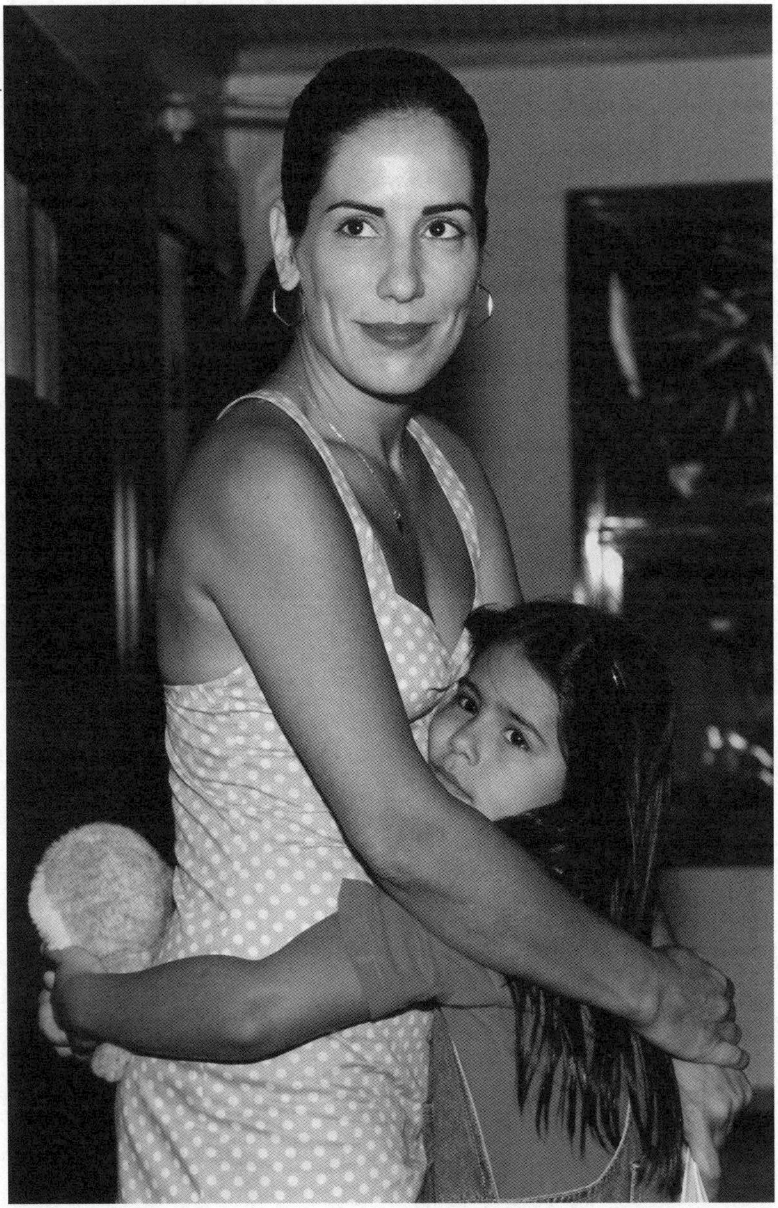

1999. A filha Antonia visitando a mãe nas gravações de Suave Veneno.

país latino. Senti que seria delicado, porque Frida Khalo é um mito mexicano. Interpretá-la aqui no Brasil era uma coisa, nos Estados Unidos, onde a cultura latina é bem corporativa, seria outra. Então, o projeto foi abortado."

Em seis meses usufruindo a nova vida, foi convocada para protagonizar *Suave Veneno*, de Aguinaldo Silva, dirigida por Ricardo Waddington e Marcos Schechtman. Tentou negociar sua não-escalação, sem sucesso. O argumento era que a personagem era para ela. Sem alternativa, preparou as malas e retornou ao Brasil. Orlando ficou em Los Angeles com as filhas. Nas férias de julho, trouxe Antonia. "Com a presença dela, consegui superar os fantasmas." Orlando veio no mês seguinte. Apenas Cleo continuou, completando o ano letivo. Para tanto, Dona Odicia, mãe de Orlando, seguiu para a Califórnia, para acompanhar a neta.

Nessa mesma época, seu pai sofreu uma grave broncoaspiração e foi internado e submetido a uma série de cirurgias. "Terrível. Não gosto nem de me lembrar!"

Sobre a novela, Gloria revela também frustração. "Havia uma divergência de opinião entre Aguinaldo Silva e Daniel Filho. Cada um tinha a novela sob um ponto de vista. Como não chegaram a um consenso, prevaleceu o ponto de vista de Aguinaldo."

Ela se refere à Inês, que sofre um acidente com o empresário Waldomiro Cerqueira (José Wilker), perde a memória e é amparada e levada para a casa dele. A misteriosa mulher teve um tórrido caso com o empresário, que enfrentava dificuldades com a esposa Eleonor (Irene Ravache) e as três filhas. Na virada da trama, Inês desapareceu com os diamantes da família, ressurgindo com a identidade de Lavínia.

Para Gloria, o que prejudicou foi a omissão da verdadeira identidade da protagonista. "O público não precisa estar a par do objetivo da personagem, mas é imprescindível que o ator saiba, para que possa conduzir as intenções da personagem."

Suave Veneno foi ao ar em 18 de janeiro de 1999, às 21 horas. E obteve um dos menores índices de audiência da história da teledramaturgia brasileira. O primeiro capítulo captou a excelência pretendida pela empresa. Lamentavelmente, o restante não atingiu seu objetivo. "Mas nem tudo estava perdido. Meus parceiros de cena, Totia Meirelles, era uma bênção; e José Wilker, sempre genial."

Gloria descreve aquele período como deprimente e insuportável. "Não queria estar já de volta ao Brasil. Sentia falta da minha família em Los Angeles. Fiquei sozinha. Foi horrível. Estava muito machucada. De noite, voltava para aquela casa imensa, o coração apertado no peito, enfrentando a solidão. Uma sensação de completo vazio."

O diretor Zelito Vianna, neste meio tempo, procurou-a para viver a primeira mulher do maestro Villa-Lobos, em seu longa-metragem. Um desacordo profissional fez com que ela não ingressasse no projeto.

Suave Veneno ficou registrada para Gloria como uma prova de fogo naquele seu tenebroso momento, terminando em 18 de setembro do mesmo ano, sem deixar qualquer resquício

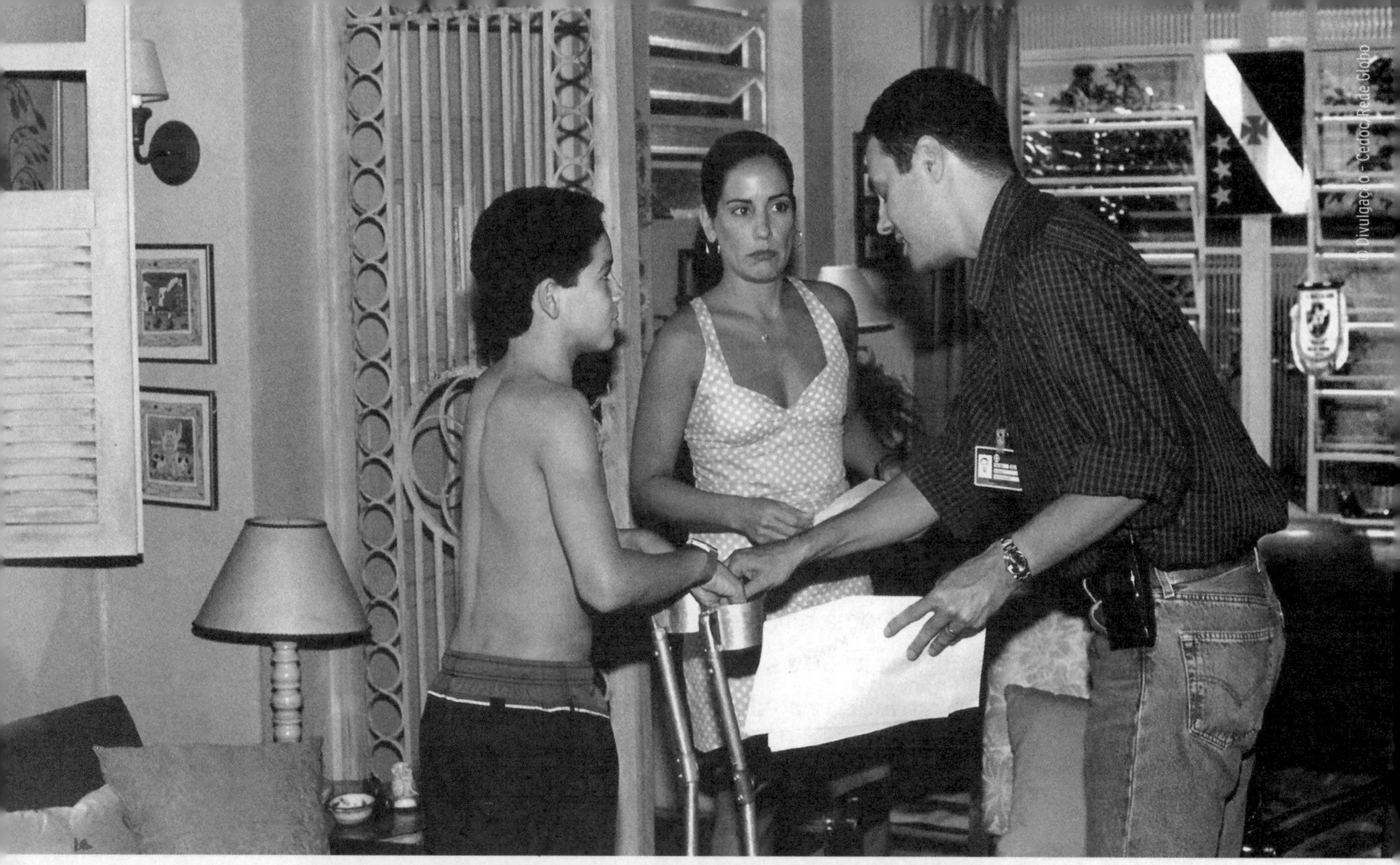

1999. Ricardo Waddington dirigindo Gloria e Vinícius de Oliveira em uma cena de Suave Veneno.

1999. Com o diretor Daniel Filho, após uma gravação de Suave Veneno.

de saudade. "Acabei de gravar e parti desesperadamente para a fazenda, em Goiânia. Não planejamos nada. Não queria nada. Apenas descansar e aproveitar a companhia da minha família!"

Em seguida, descobriu-se grávida. E a gravidez não planejada foi recebida como um prêmio contra todo o sofrimento pelo qual passou. Preocupada, Gloria tomou a decisão de parar definitivamente de fumar. Fumava desde os 12 anos, entre idas e voltas. Cessava o vício em todas as gestações, até o fim do aleitamento, depois retornava. A preocupação com seu bem-estar também a levou a praticar *Tai Chi Chuan* diariamente.

Em retribuição ao desfecho feliz para sua família, Gloria não pediu fraldas para seu bebê, no chá oferecido pela amiga Anita Bernstein, no Hotel Sheraton, Rio. Em vez disso, pediu que cada convidado doasse quatro latas de leite em pó à Maternidade Leila Diniz, em Jacarepaguá, abrigo de mães portadoras do HIV, impossibilitadas de amamentar seus filhos.

Na manhã do dia 10 de junho de 2000, nasceu Ana Pires de Morais, na Clínica São Vicente, na Gávea. A vinda da recém-nascida instigou Gloria a se engajar em mais uma campanha social: a do aleitamento materno. A convite da Associação dos Pediatras do Rio de Janeiro, estrelou a propaganda apoiada pelo Ministério da Saúde. "Acho fundamental tudo o que é informação, principalmente uma que vai mudar para sempre a vida de uma criança e sua mãe. A mãe que não vive a experiência de amamentar pula uma etapa. É um momento imprescindível e de muita união entre ela e o bebê. Ajuda o útero da mulher a voltar ao tamanho normal e ajuda, também, na deglutição, dentição, preparação da fala da criança. Essas campanhas precisam ser ainda mais divulgadas."

Gloria também acha válido o empenho da classe artística em quaisquer campanhas de caráter social. "O artista tem, em sua imagem, um grande apelo popular. De certa forma, a atitude de abraçar uma causa serve de exemplo principalmente àquelas pessoas que admiram e acompanham você. Nada se compara ao olhar de uma criança para a mãe, enquanto está sendo amamentada!"

A Partilha de Talentos

O trabalho é um casamento:
ele escolhe você, você o escolhe.

A chegada do ano 2000 trouxe bons ventos para Gloria. Dez anos antes, ela tinha ido à estreia da peça de Miguel Falabella, *A Partilha*, no Teatro Cândido Mendes, em Ipanema, considerada talvez a maior glória teatral do autor. "Vi no teatro, com o elenco original, uma dúzia de vezes. Foi a peça que mais assisti até hoje."

O texto era uma comédia sentimental, contando a história de quatro irmãs separadas pela vida, com distintas personalidades: Selma, Lúcia, Regina e Laura, que se reencontram por causa do falecimento da mãe, e confrontam seus dilemas e ideais para a partilha do apartamento em Copacabana, na Zona Sul do Rio. A divisão não se limita apenas ao imóvel. Elas dividem também lembranças, sonhos, experiências, frustrações e rivalidades, mantendo uma união ao modo delas.

A peça viraria filme e Daniel Filho a convidou a interpretar Selma, que era a personagem que mais havia atraído Gloria durante as inúmeras vezes em que assistiu à peça. "A deslumbrante atuação de Natália do Valle, que viveu Selma no teatro, me tirou umas noites de sono, precisava abstrair o que tinha assistido, senão, seria impossível criar algo diferente."

Desde que se desligou da Globo, em 1991, Daniel tratou de garantir o projeto, comprando o direito dessa história para o cinema. Com o caos artístico que se instaurou no país, quando o governo Collor fechou qualquer possibilidade de produção cultural, pensou em produzir com Falabella o filme nos Estados Unidos, tendo Amy Irving e Marsha Mason nos papéis de Selma e Lúcia. Como a ideia não decolou, arquivaram o projeto. Anos depois, mesmo receoso de que o projeto estivesse superado, Daniel associou-se a Euclydes Marinho, com quem atualizou o roteiro. O roteiro final foi assinado por Miguel Falabella, Daniel Filho, João Emanuel Carneiro e Mark Haskell Smith.

O elenco era de peso. Lília Cabral seria a zen Regina, mas acabou ficando com a perua Lúcia, que era sua personagem preferida. Paloma Duarte foi convidada para viver a caçula, jornalista e lésbica Laura. Andréa Beltrão foi a última a integrar o elenco, como Regina.

Em apenas três semanas, as quatro atrizes ensaiaram seis horas por dia. Daniel também aproveitou tais ensaios para marcar os enquadramentos, uma vez que tinha a vontade de filmar no eixo da câmera, que agilizaria o processo, porém, exigia ainda mais preparo do diretor.

No decorrer dos ensaios, Daniel sugeriu e participou de práticas, como pular corda, fazer lista de música etc., para que as atrizes tivessem total integração. Daniel era, portanto, o *irmão.*

A *playlist* que cada uma elaborou foi enviada para Nelson Motta, produtor musical do filme em parceria com Ed Motta. Doze cenários foram recriados em estúdios, inclusive a capela do Cemitério São João Batista e a casa de Selma. Nos figurinos, Marília Carneiro teve um minucioso cuidado com as roupas de Selma, evitando deixar que a personagem — conservadora — ficasse estereotipada.

Na segunda semana de ensaio, Gloria descobriu-se grávida novamente, em tão pouco tempo. Completavam somente quatro meses desde o nascimento de Ana. Ao contar a novidade para a "*família Partilha*", Daniel brincou: "*Puxa! Vocês nem esperaram a quarentena!*"

A primeira sequência filmada situava-se no Cemitério São João Batista, em Botafogo, Zona Sul carioca, sob um forte temporal cenográfico e um clima festeiro entre a produção. A cena demorou três dias para ser feita. As irmãs, tentando se proteger da chuva, começavam a se conflitar em pleno enterro. "O mais engraçado eram as botas de borracha que a produção providenciou para poupar nossos pés de ficarem encharcados. Elas eram pretas. Estrategicamente só nos filmaram na parte de cima."

Dias depois, Gloria começou a ter um sangramento. Por causa da ameaça de um aborto espontâneo, seu obstetra internou-a, causando um afastamento de quase uma semana das filmagens. Um clima tenso pairou na produção, que precisava

2000. Gloria brinca com a claquete nos intervalos da filmagem de A Partilha.

2000. Foto oficial de divulgação do filme.

2000. Daniel Filho entre Lília Cabral, Paloma Duarte, Gloria e Andréa Beltrão.

realizar o longa em cinco semanas, no máximo. Daniel entendeu a gravidade, e mesmo assim optou por esperar o retorno de Gloria, em vez de substituí-la, como havia sugerido a produção.

Do hospital, consciente do transtorno causado, Gloria mantinha contato com Daniel, que ligava regularmente para se informar, preocupado com seu estado. Em alguns dias, a triste notícia foi revelada ao telefone, numa das chamadas de Daniel, que lhe perguntou como andava o filho. "Avisei que não tinha mais filho. E ouvi que ele começou a chorar. Acredito que as coisas não acontecem por acaso. Foi muito triste, mas estava tudo bem. Voltei ao filme assim que o médico liberou."

As pessoas ao redor de Gloria não a deixaram só. "Com certeza, esse afeto me estimulou a recuperação. E aprendi que temos mesmo que viver o dia de hoje intensamente, porque tudo é possível, não sabemos o dia de amanhã!"

Em seu prometido retorno, a equipe substituiu a consternação pelas brincadeiras e descontração nos estúdios. O ambiente amigável dos bastidores, entretanto, não evitou que Daniel e Lília Cabral tivessem alguns pequenos desentendimentos. As irmãs se intrometiam, para acabar com o clima pesado, e Gloria brincava com Daniel, acariciando sua cabeça e cantando: "*Boi, boi, boi, boi da cara preta...*".

Os ataques de risos eram constantes. "Num momento em que Selma e Regina rolam pelo chão, brigando, perdi o controle e desatei a rir. Não conseguia encarar a Andréa, que também ria. Em outra cena, Lúcia faz as duas irmãs se abraçarem para se reconciliar. Nós grudamos os rostos uma na outra e segurei o riso."

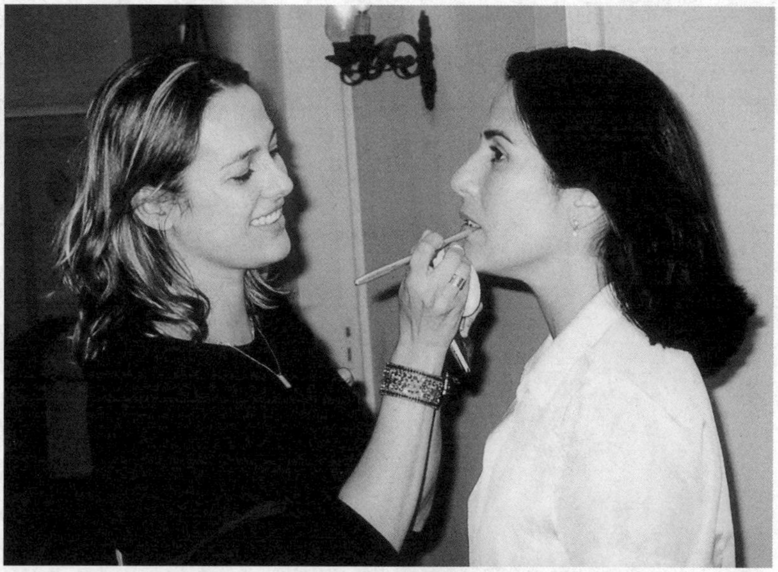

2000. Gloria sendo maquiada por Juliana Mendes para a filmagem de uma sequência.

2000. Bastidores da filmagem da cena das irmãs na praia.

2000. As "irmãs" reunidas, em um intervalo do penúltimo dia de filmagem, na Reserva da Praia da Barra da Tijuca.

Até em lugares que exigiam um mínimo de seriedade, havia espaço para gargalhadas. Na cena em que as irmãs estavam no velório da mãe, Gloria não se conteve. "Tivemos que repetir a cena por diversas vezes. Conseguia segurar o riso por algum tempo, até não suportar mais e me virar de costas."

Outro momento engraçado surgiu durante a gravação em que as irmãs estavam no terraço de um prédio. Daniel tem pavor de altura e se locomovia de mãos dadas com alguém. "O problema dele era a vaga sensação de não ter nada para se apoiar. E ficava a toda hora chamando alguém e pedindo: "*Vem cá, vem cá, me dá a sua mão, vamos ali.*"

Na cena final da personagem de Gloria, momento em que Selma assistia a um filme caseiro, com ela e as irmãs pequenas, o inevitável aconteceu. Daniel havia preparado a projeção da família no passado numa película especial, e Gloria não sabia de nada. A intenção do diretor era justamente exibir o filme de supetão, explorando sua emoção.

A fragilidade de Gloria era latente. Daniel sentia que Gloria estava "travada" pela dor da perda que passara havia algumas semanas. "Perguntei a ele se estava achando legal, e sua vaga resposta afirmativa não me convenceu. Sabia que ele esperava mais. E acabou desabafando que requeria lágrimas da personagem, mas uma emoção alegre, saudosista, não de tristeza e dor. Senti que ele não me pediria aquilo, por isso, disse que queria fazer de novo. Daniel, solidário, segurou minha mão e assim ficou até cortar a cena, deitado no chão, para não aparecer no enquadramento do *travelling*."

"*Eu acenei para cortar a cena e fiquei sentado com ela, possivelmente uns 10 a 15 minutos, enquanto todo mundo se retirava do set. Depois, fomos até o camarim onde permaneci com a Glorinha num choro que me emociona até de lembrar*", recorda-se o diretor.

O penúltimo dia de filmagem, na Reserva da Barra da Tijuca, concretizou uma cena antológica. As irmãs, juntas na praia, dançaram numa coreografia ao som de *Dancin' Days*, das

Frenéticas, aludindo ao tempo em que eram adolescentes, numa homenagem de Daniel à novela homônima, dirigida por ele, tendo Gloria no elenco. "A previsão meteorológica para aquele dia era de chuva, mas o sol surgiu, maravilhoso! Nós nos divertíamos durante os ensaios e a filmagem, que começou às 7 horas da manhã e durou até as 7 da noite. Estávamos todas eufóricas, ficamos num gás o dia todo, debaixo daquele sol. O Daniel gritava, tenso: *"Poupem-se! Poupem-se! Não fiquem pulando!"* Mas nossa adrenalina não deixava."

A sequência foi coroada com um lindo pôr-do-sol, o que mais acentuou o clima de despedida, emocionando a todos, que se abraçaram numa choradeira coletiva. Esse momento, inclusive consta no DVD do filme.

A última sequência a ser filmada tinha dado dor de cabeça ao diretor, que não conseguia imaginar como realizar aquela situação esdrúxula dentro de um elevador. "Para muitos espectadores, é a cena mais engraçada do filme, para nós, foi a mais triste, afinal, aquela convivência deliciosamente criativa tinha chegado ao fim."

Vem rir, que eu te faço chorar foi a definição do diretor Cláudio Torres, quando assistiu ao filme, numa sessão privada, a convite de Daniel.

Toda a filmagem rendeu oito semanas contínuas, de novembro a dezembro de 2000, no Rio. "Daniel consegue impor dinamismo em seu trabalho, graças à experiência que adquiriu trabalhando na tevê. Como é de sua prática, ele só faz *take* um, ou seja, não repete a cena. Ensaiamos diversas vezes, mas só

2000. Gloria entre a equipe de A Partilha, no último dia de filmagem.

filmamos uma. Claro que, às vezes, é necessário, por alguma questão técnica. Fora isso, a primeira é a que vale. Estávamos tão unidos que queríamos eternizar aquele tempo. Quando alguém se preparava para fotografar, alguém via e gritava: "*Foto!*" Todos, sem exceção, largavam o que estavam fazendo e se juntavam. Uns caíam por cima dos outros. Uma farra só! Depois de trabalhar tantos anos, achava que o prazer de atuar estivesse ligado à juventude e que não o teria mais. O filme me fez sentir renovada."

Gloria foi uma das homenageadas para um especial da Globo, *TV Ano 50*, prestigiando os 50 anos de televisão no Brasil e os 35 da Globo. Gravado no cenário de Maria Moura, ela narrou sua trajetória desde criança, com flashes de cenas das suas novelas e minisséries, homenageando, também, atores que, como ela, cresceram diante das câmeras.

Em abril de 2001, o casal Gloria e Orlando rumou para África do Sul e Ilhas Maurício. Lá, Orlando gravou dois clipes de seu álbum *Na Paz*, nos quais Gloria faz participações especiais. Coincidentemente, o destino exótico abrigou uma nova lua-de-mel, e lá comemoraram 13 anos de casados e a quinta troca de alianças, hábito cultivado pelo casal de tempos em tempos.

Ladeada por Daniel Filho e pelas atrizes envolvidas no filme, Gloria excursionou pelas diversas capitais do Brasil, divulgando as pré-estreias. Em Brasília, o então Presidente Fernando Henrique Cardoso e a primeira-dama, Dona Ruth Cardoso, abriram as portas do Palácio da Alvorada para uma sessão do filme na sala de projeção da residência oficial. Durante o jantar que se seguiu, eles elogiaram o filme como um todo.

Numa das coletivas de imprensa, Daniel Filho surpreendeu Gloria ao emergir um velho assunto. "No meio da entrevista, ele comentou que tinha me dispensado num teste, quando éramos mais jovens. Não poderia perder aquela chance, e falei: Gente, ele me dispensou porque disse que eu era feia! Todos riram. Depois, comentando que aquele assunto funcionava, disse que deveríamos repeti-lo nas próximas entrevistas. E um grande pesadelo do meu passado acabou em gargalhadas."

Gloria e Andréa Beltrão receberam indicações de melhores atrizes do Grande Prêmio BR de Cinema no ano seguinte. Posteriormente, *A Partilha* venceu as categorias de melhor script e audiência na opinião do público no Festival de Cinema de Miami, nos Estados Unidos. "Ter partilhado Selma com aquele elenco e naquele momento em que vivia, trouxe-me muitos retornos. Ouvia as pessoas comentarem o filme e parecia que elas falavam de uma novela ou uma minissérie. Muitos se identificavam com Selma e outras personagens. Foi maravilhoso em todos os aspectos: antes, durante e depois."

Em meados de 2001, Gloria criou coragem e finalmente deitou-se na mesa de cirurgia, operando a progressiva miopia que a livrou das lentes de contato. "Desde os 16, era míope, mas sempre usei lentes de contato, agora estou curada."

Outra mudança foi uma discreta tatuagem no pé, que lhe causou fortes dores para ser feita, reproduzindo um ideograma chinês, o *Tao, O Caminho do Meio*.

Em maio, participou, para surpresa de todos, da leitura dramatizada da peça *Dona Rosita, a Solteira*, de Federico García Lorca, durante a *Bienal do Livro*, no Riocentro, com Tonico Pereira, Telma Reston e Gabriel Braga Nunes, sob direção de Antônio Grassi. A atriz Cristina Pereira, que viveu a personagem-título nos palcos, presenteou Gloria com um objeto de cena que ela usava. "Nunca tinha feito uma leitura teatral em público. Achei importante me dar essa oportunidade profissional. O trabalho é um casamento: ele escolhe você, você o escolhe!"

© Divulgação - Cedoc/Rede Globo

Perdas e Ganhos

Converso todos os dias com o meu pai.
Tenho as melhores lembranças dele.

Mais do que o retorno às novelas, *Desejos de Mulher*, de Euclydes Marinho, lhe proporcionaria um reencontro com pessoas de um passado de sucesso: Regina Duarte, Cássio Gabus Mendes e a direção de Dennis Carvalho. Era uma possibilidade tentadora, em virtude das inesquecíveis cenas que Gloria, Regina e Cássio protagonizaram na novela de Gilberto Braga, Aguinaldo Silva e Leonor Bassères, no final da década de 80: *Vale Tudo.*

"Regina perguntou ao Dennis se teríamos cenas iguais às da Raquel e Maria de Fátima, e ele respondeu que iriam ter várias, nós que nos preparássemos."

Nas leituras, era inevitável o triângulo remanescente de *Vale Tudo* não se recordar da novela. "É instigante você reencontrar pessoas que marcaram sua vida, depois de tanto tempo, porque você muda e a sua relação com elas também, embora o passado seja o mesmo. Às vezes, a relação fica mais interessante e no meu caso deve ter sido isso que aconteceu. Estar novamente com eles me encheu de esperanças."

A primeira cena da novela retratava um embate entre Gloria e Regina. E causou uma comoção no estúdio. Entre lágrimas, Dennis abraçou as atrizes e só conseguiu balbuciar: *"Eu já vi esse trio antes!"*

Gloria era Júlia Moreno, jornalista que abdicou de sua profissão para se tornar mãe e dona de casa, inimiga e irmã da conceituada estilista Andréia Vargas (Regina Duarte). Júlia vê sua vida do avesso quando seu marido, Renato Moreno (Cássio Gabus Mendes) é preso por falsificar dólares. Sozinha, ela retoma a carreira para continuar sustentando os filhos, na revista *Estilo Mulher*, chefiada pelo homossexual Ariel (José Wilker). Júlia descobre um novo amor com o repórter Chico Maia (Eduardo Moscovis). No elenco estavam Alessandra Negrini, Herson Capri, Drica Moraes, José de Abreu, Mel Lisboa, Hugo Carvana, Myriam Pires, João Camargo e outros.

Um erro de estratégia prejudicou a novela, que estreou em 21 de janeiro de 2002, em pleno período de férias seguido de Carnaval, deixando a audiência aquém do previsto pela emissora, nas primeiras semanas. Só depois dessas datas os números se elevaram.

O bom humor fazia parte das gravações, boa parte graças a Vera Holtz e José Wilker. "Ao gravarmos uma cena em que minha personagem briga com Bárbara (Vera Holtz) e invade a sala de Ariel para pedir demissão, estava concentrada e gesticulando muito, característica da Júlia, quando fui interrompida pelo Wilker no meio da cena, que advertiu: *'Para de se sacudir porque o veado aqui sou eu!'* E rebati: É, meu bem, mas eu sou muito mais *veado* do que você! A gargalhada contaminou todo mundo."

Durante a novela, Gloria começou a sentir-se mal quando fazia cenas de emoção forte. "Passei muito mal nas sequências em que Júlia se separa do marido. Teve uma cena com a Regiane Alves que eu não conseguia falar, olhava para ela e chorava. Minha cabeça parecia que ia estourar! Como a cena não ia adiante, o diretor, José Luiz Villamarim, liberou elenco e equipe para almoçar. Tomei um chá de camomila, um analgésico e fui almoçar. Quando retomamos a gravação, consegui manter o equilíbrio e fizemos a cena."

Naquela mesma noite, Gloria foi parar no hospital, com dores fortes na cabeça e no peito. Fez uma tomografia e um eletrocardiograma. Nada saiu anormal nos resultados. "Ainda estava me refazendo dos acontecimentos dos últimos dois anos. Mesmo sendo uma cena, há uma emoção que é real. O corpo recebe essas impressões e reage, por não saber separar a ficção da realidade. Tive a mesma sensação durante toda a novela."

A diretora de arte, Cristina Médicis, também herdeira de *Vale Tudo*, presenteou Gloria com uma saudade materializada. Colocou no cenário de Júlia Moreno uma foto do casamento de

Afonso (Cássio Gabus Mendes) e Maria de Fátima, aludindo ao casamento de Júlia e Renato. "Falávamos muito de *Vale Tudo* nos bastidores. O próprio Dennis adorava relembrar das passagens de Maria de Fátima. Todos nós guardamos um carinho muito grande por aquele trabalho."

A novela seguiu, mas as prometidas cenas entre Regina e Gloria não apareceram. "Com o tempo, a frustração artística surgiu. Esperei e desejei demais daquele reencontro com a Regina Duarte e o Dennis Carvalho. Achei que teríamos grandes cenas como em *Vale Tudo*, baseado no relacionamento das irmãs, que eram incapazes de se comunicar, pautadas no ciúme e na insegurança. Mas nada aconteceu. Tudo foi desperdiçado e atrofiou. Júlia foi frustrante, mas não chegou a ser um trabalho desprezível. Ganhei bons momentos e cenas legais. Só não correspondeu às minhas expectativas, e acredito que nem às do público."

Em suas entrevistas sobre a personagem, Gloria expôs o que sentia, sem, no entanto, jamais comprometer a novela ou o seu trabalho. "Construí minha carreira com verdade, lealdade, dedicação e entrega. Mais do que isso, com perseverança. O ator é um amontoado das experiências adquiridas ao longo da vida. Tem que procurar saber de tudo um pouco, seja lendo, viajando, conhecendo lugares, coisas e pessoas. Um ator necessita de aventuras, anseios, vivências. Sempre digo que ser ator soma 50% de talento e outros 50% de suor. O exercício é superar seus próprios limites."

2002. Gloria entre os atores Cássio Gabus Mendes e Eduardo Moscovis.

"Sinto muito prazer em fazer televisão, que engloba minha carreira quase como um todo. Estou inteiramente ligada a ela e sua extrema importância. A televisão é o meio mais acessível de comunicação informativa e de entretenimento. Cresci física e profissionalmente dentro dela. Hoje, a tevê ainda exerce uma função honrosa e popular. Creio que o papel dela seja cada vez mais de informar e divertir."

Ainda naquele ano, um comercial feito para o Nortesho-pping, na Zona Norte carioca, referente ao Dia das Mães, aproximou-a de suas raízes. "Fiquei muito tocada. Eu falava sobre o cheirinho do pão e lembranças da infância. Gravamos numa padaria em Vaz Lobo. Foi um dia inteiro de gravação, mas muito compensador."

No início de 2003, Gloria foi surpreendida por outra gravidez. Convidada por Gilberto Braga para fazer Noêmia, em *Celebridade*, que ficou a cargo de Júlia Lemmertz, recusou amigavelmente. Porém, essa gravidez também não foi adiante. Sua condição físico-emocional e o agravamento do estado de saúde do seu pai pesaram demais para Gloria.

Durante uma viagem de quatro dias ao Festival de Cinema do Recife, onde foi homenageada, Gloria recebeu uma notícia assustadora: houve um assalto à sua residência. Gloria e Orlando se desesperaram e procuraram buscar notícias mais claras, ao mesmo tempo em que tentavam controlar o nervosismo. Aos poucos, a situação se esclareceu: Sr. Erasmo, administrador, havia ido buscar o dinheiro para efetuar pagamentos. Com sua demora em voltar, o jardineiro foi averiguar e acabou rendido, junto do segurança, por um dos dois homens armados e irreconhecíveis.

"Ao contrário do que a imprensa sensacionalista divulgou, não invadiram nem reviraram a casa, levando joias e objetos de valor." As filhas Cleo, Antonia e Ana estavam em casa, com os demais empregados; Antônio Carlos, que permanecia acamado e cercado de enfermeiros, recebeu a visita de seu médico; e a então assessora Solange Barcellos estava retornando com compras. "Nenhuma dessas pessoas viu ou ouviu nada, graças a Deus! Nosso administrador e o filho dele é que foram as vítimas. Roubaram seus relógios e celulares, para que não se comunicassem, e a chave do carro deles, que deixaram atravessado na saída da nossa garagem, para que ninguém os seguisse."

Mudaram-se para a capital goiana em junho de 2003, tentando não ser o alvo — novamente — de especulações da mídia. Nesse mesmo ano, sua filha mais velha, Cleo Pires, que desde cedo demonstrava ímpetos artísticos, foi convidada por Monique Gardenberg a interpretar as duas protagonistas do filme *Benjamin*, inspirado na obra de Chico Buarque. "Vejo com muita alegria os passos da Cleo em direção ao que ela quer. Se ela está feliz assim, isso é o que interessa. Como diz o ditado, que faço uso integral: *quem beija meus filhos, minha boca adoça.* O importante é você se sentir realizado naquilo que se propõe. A Cleo tem um estilo de atuação que é um legado do meu pai: econômica e profunda."

Em fevereiro de 2004, Gloria descobriu-se grávida. Por isso, procurou tratamentos holísticos. Fez *chakraterapia*, acupuntura, continuou as sessões de RPG, iniciadas ainda no Rio de Janeiro e praticou ioga.

A gravidez transcorreu com tranquilidade, e no dia 4 de outubro de 2004, Bento Pires de Morais chegou, duas semanas antes do previsto.

A cidade de Goiânia condecorou-a com o título de Cidadã Honorária, num evento organizado pela Câmara dos Vereadores. "Realmente, eu me sinto muito bem em Goiânia. E as pessoas sentem isso. Uma parte da nossa vida é lá. Fiquei muito honrada com a manifestação."

Mal Bento completou dois meses de vida, Gloria foi para o Rio de Janeiro com a família, onde, além de participar da chamada de encerramento de ano da Rede Globo, passaria as festas de final de ano na cidade, num processo inverso, já que sempre iam do Rio para a fazenda nessas datas. Às vésperas do Natal, Antônio Carlos, que sofria de Mal de Parkinson, teve piora em seu estado de saúde e precisou ser internado na Clínica São Vicente, passando as festas de fim de ano hospitalizado. "Chegamos a comemorar seu aniversário, em 11 de janeiro. Pouco mais de um mês depois, ele faleceu, cumprindo um doloroso trajeto, sempre com muita paciência e resignação. Foi um grande homem, que teve uma vida feliz e deixou um grande exemplo de ser humano e profissional. Sinto saudades do seu bom humor e de sua capacidade de aceitação, principalmente na doença. Isso foi um grande aprendizado para nós. Converso com meu pai todos os dias. Tenho as melhores lembranças dele. A minha mãe também foi uma pessoa muito presente em minha vida. Tudo o que acontece comigo, bom ou ruim, eu divido com eles. Lembro das coisas que vivíamos, falávamos, trocávamos. É uma relação que não acabou. Eles ainda estão vivos dentro de mim. O que eu aprendi com eles, levarei eternamente comigo."

A Fera e a Bela

As críticas não me abalam,
nem me engrandecem.

Quando se organizavam para retornar a Goiânia, um telefonema do amigo Daniel Filho colocou o retorno em xeque-mate.

"Ele me convidou para um projeto ousado. Não tinha ainda o roteiro que queria filmar, mas tinha a ideia original de Carlos Gregório. Tratava-se do longa *Se Eu Fosse Você.* Gloria era Helena, professora de música que rege um coral, casada com o publicitário Cláudio (Tony Ramos). Levam uma vida rotineira com a filha, Bia, interpretada por Lara Rodrigues, até que um raro efeito cósmico faz com que troquem de corpos entre si.

A ideia era começar a rodar *Se Eu Fosse Você* em fevereiro de 2005, mas um atraso na finalização do roteiro adiou os planos para final de março. "Esse convite me empolgou muito. Mais do que nunca, queria e precisava de um bom personagem, num projeto diferente. Porém, não tínhamos nos organizado para voltar ao Rio naquele momento, tendo deixado tudo montado em Goiânia. Resultado: fiz a mudança por telefone, com minha amiga Lili e minha secretária, a Cida."

Em março de 2005, Gloria inicia as filmagens de *Se Eu Fosse Você*. "Foi terapêutico. A diversão dos ensaios e a boa energia por trás das câmeras colaboraram para tudo fluir bem. Algumas pessoas da equipe do Daniel eu já conhecia de *A Partilha*. O Tony foi a grande surpresa. Nunca havia contracenado com ele. É um grande ator e uma pessoa esplêndida. Minha mãe era sua fã e vivia reclamando, sem entender porque nunca me escalaram para uma novela com ele."

"Interpretar um homem era uma vontade antiga. Observava muito o universo masculino e seu jeito peculiar, dentro de casa e nas ruas. O sentar, o andar, o falar, o gesticular, o pensar do homem. Com as orientações da Márcia Rubin, nossa preparadora corporal, tudo o que havia observado ganhou forma. Tem momentos em que estou igualzinha ao meu pai."

Numa das sequências, Cláudio, já no corpo de Helena, tem sua primeira "prova de fogo": descer as escadas usando salto alto. "A primeira vez que usei um salto, tinha quatro anos! Usei salto a vida toda e tive que desaprender."

Numa outra sequência, em que Helena está regendo o coral de alunas, a equipe do filme recebeu visitantes ilustres: Bento, filho de Gloria, com seis meses, no colo da babá Wilma; juntamente de Lys, neta de Daniel. "Ironicamente, Daniel nomeou esse plano de 'Plano Severino', em alusão ao então

© Eduardo Nassife

2005. Gloria pronta para encarnar a professora de piano Helena, do filme Se Eu Fosse Você 1.

2005. Com Ana, no camarim do filme Se Eu Fosse Você 1.

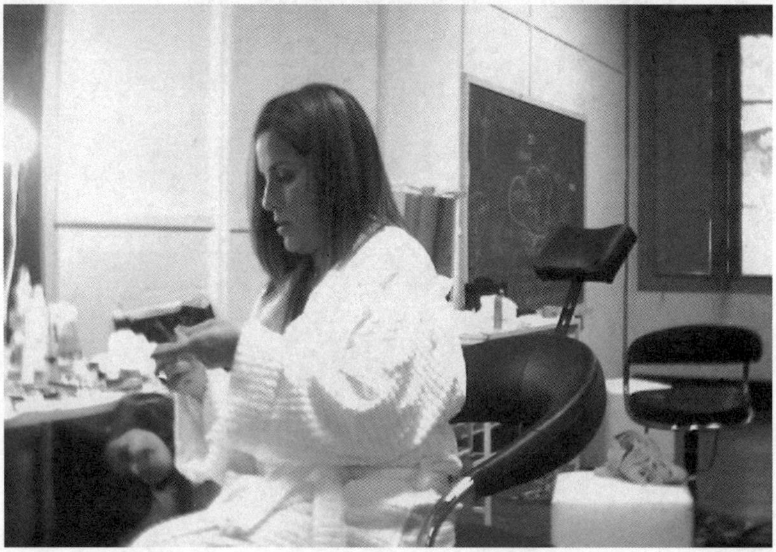

2005. Gloria se arrumando para filmar uma sequência de Se Eu Fosse Você 1.

presidente da Câmara dos Deputados, Severino Cavalcanti, que usava, abusava e defendia o nepotismo!"

Em seu lançamento, o filme recebeu seis indicações do Grande Prêmio de Cinema do Brasil, incluindo o de melhor atriz para Gloria.

Denise Saraceni, em comum acordo com Silvio de Abreu, convidou Gloria, ainda grávida de Bento, a integrar o elenco da nova novela das oito, que Silvio ainda estava desenvolvendo. "A única pessoa com quem a Denise já havia falado antes de mim foi o Tony Ramos. O projeto ainda estava em construção; mas Silvio já queria saber se poderia contar comigo. E eu disse que sim, pois nunca havia feito uma novela dele, e tinha ótimas lembranças do último trabalho com a Denise, *Anjo Mau*."

Somente no segundo semestre de 2005, as cenas iniciais de *Belíssima* começaram a ser gravadas na Grécia. Uma viagem que constava na lista de sonhos pendentes de Gloria realizou-se. "Passamos quase um mês gravando em Atenas e Santorini. Depois da Índia, assim como a Itália, era um dos lugares que desejei a vida inteira conhecer. Ali, eu me reencontrei, tive a sensação de que já havia estado lá. Como era uma viagem de trabalho, suspeitei que não daria para conhecer coisa alguma naquele ritmo das gravações. Mas, por incrível que pareça, não foi tão *punk*. Consegui passear, contemplar, conhecer aquele lugar mágico!"

A novela, escrita por Silvio de Abreu, teve colaboração de Sérgio Marques e Vinícius Vianna, dirigida por Denise Saraceni, Carlos Araújo e Luiz Henrique Rios. "Havia uma admiração

2005. Denise Saraceni e Gloria, num intervalo das gravações em Santorini, na Grécia.

mútua. Silvio é elegante, inteligente, conhece e sabe escrever novela, com o drama e o humor na dose certa. Lida muito bem com os vários núcleos, desenvolvendo todos, em harmonia. E cria tramas fortes, com personagens densos e interessantes."

Para a novela, o visual de *Se Eu Fosse Você* foi aproveitado e aperfeiçoado. "A *hairstilyst* Elza Pontes deu uma ligeira clareada na cor, para aquecer o visual. E Fernando Torquatto, diretor de caracterização da novela, adorou o resultado. Mas, sinceramente, não acho que ser loura combine comigo."

Júlia Assumpção e seu irmão Pedro (Henry Castelli) são os herdeiros de um conglomerado poderosíssimo, a indústria Belíssima. Órfãos de pai e mãe, foram criados pela avó, a ambiciosa Bia Falcão (Fernanda Montenegro).

Júlia carrega o trauma de ter causado a morte dos pais. É uma mulher presa em seu passado, que dedica sua vida ao seu trabalho. Tem uma filha, Erika, que estuda fora e é modelo (Letícia Birkauer). Pedro, em desarmonia com a avó, foge para a Grécia, para viver em paz com a mulher que escolheu, e com quem tem uma filha, Sabina (Marina Ruy Barbosa). Depois de 10 anos juntos, resolve oficializar a união com Vitória (Cláudia Abreu), o que leva Bia e Júlia à Grécia. Lá, conhecem o grande protetor de Pedro e sua família, o grego Nikos (Tony Ramos). Com os acontecimentos futuros, ele se tornará, também, protetor de Júlia, por quem nutrirá um profundo amor.

Na metade da novela, Júlia e Nikos sofriam um afogamento na Grécia. "Gravamos durante quatro dias, repetidas vezes e em vários lugares. Na Grécia, fizemos em dois dias. Passamos de 11 às 17 horas molhados, cheios de areia, no primeiro dia. Essa era a última parte da cena, quando eles aparecem numa praia deserta; depois, na piscina da Marinha que fica na Av. Brasil. Era noite e eu tremia de frio. Tinha que afundar, como se estivesse inconsciente e foi difícil controlar o corpo; por fim, à noite, na piscina de efeitos especiais, no Projac, que projetava ondas gigantes. Esse era o início do acidente. Não aguentava mais."

Próximo do final da novela, Gloria descobriu que tinha contraído hepatite. Logo procurou ajuda para os primeiros sintomas, o que possibilitou sua rápida recuperação em apenas duas semanas. Silvio precisou reescrever algumas cenas, dando o tempo necessário para o retorno de Gloria.

Silvio reservou uma última surpresa: para o encerramento da novela, Júlia e Nikos retornariam à Grécia. Porém, a produção não queria que vazasse essa informação, para evitar especulação da imprensa quanto ao final. Uma operação de códigos foi montada pelos dois atores, e Carmem Couto, Maquiadora-Chefe, pois nem mesmo o elenco poderia saber. Em nove dias, elenco e produção foram, gravaram e voltaram.

"Da primeira vez, Denise nos mostrou *A Catedral*, nome que ela deu a uma pedra imensa e íngreme, com o formato da Catedral do Rio de Janeiro. Ao final do dia, sentávamos para tomar a cerveja *Mithos* e apreciar a beleza do lugar. E tamanha foi a nossa surpresa ao voltarmos e sabermos que subiríamos aquela rocha. O Tony olhou e sussurrou: '*Poxa, eu já sou avô!*' E eu completei que tinha filhos para criar. Levamos um susto, pois não estávamos preparados para escalar aquela rocha. O Carlos Araújo, diretor que nos acompanhou, queria aproveitar aquele pôr-do-sol fabuloso e, por isso, designou o maquinista (o responsável pelo manuseio de *travellings* e gruas) e o chefe da elétrica, fortes e conhecedores do local, para que nos auxiliassem durante a escalada. Durante a subida, descobrimos que não era apenas uma pedra, eram as ruínas do primeiro castelo construído, quando Veneza governou Santorini. No fim, suspiramos em agradecimento a tudo aquilo. Eu, pessoalmente, tinha muito a agradecer!"

Tão logo a novela saiu do ar, em 8 de julho de 2006, o programa humorístico *Casseta & Planeta*, da Rede Globo, homenageou Gloria através das novelas *Cabocla*, *Mulheres de Areia* e *Belíssima*. A primeira era assediada por Hélio de La Peña; as gêmeas ganhavam uma terceira irmã, Roberta Carla, parodiando o jogador Roberto Carlos e seu desempenho na Copa de 2006; e a terceira se via rodeada de "executivos que só balançam a cabeça". "Eu me diverti muito relembrando Zuca. Me deu uma saudade do Herval Rossano..."

Logo a seguir, o amigo Raul Cortez vem a falecer. "Fizemos quatro trabalhos juntos. Fui sua filha duas vezes, em *Água Viva* e *Partido Alto*. Depois, contracenamos em *Mulheres de Areia*, que consolidou nossa amizade. E em seguida, *O Rei do Gado*. Ele era adorável e carismático. Nos dávamos muito bem. Gostava da sua inteligência, generosidade e altos papos. Ele gostava de me dar dicas."

Novamente o cinema a convocava. Gloria vestiu as puídas roupas da vingativa e estúpida governanta Juliana, no longametragem de Daniel Filho, numa adaptação contemporânea de

O Primo Basílio, de Eça de Queiroz. "Mais uma vez, Daniel me presenteou com um belo desafio. Foi um trabalho de humildade."

"Queria uma personagem toda bege. Cabelo, sobrancelhas, roupas. Como se fosse parte da casa, invisível. Mas o Daniel discordou, dizendo que assim não daria o peso que ela exigia. Então, decidimos deixá-la em tom escuro, para acentuar sua imagem embrutecida. Frisei os cabelos e colocávamos talco para tirar o brilho natural deles. A maquiadora Anna Van Steen pintou um discreto buço em mim, colou uma pequena verruga, pintou alguns fios brancos e usei uma prótese dentária na parte inferior da boca, que doía muito. Novamente com o auxílio da Márcia Rubin, criamos uma postura 'sem postura'. O resultado é que as pessoas achavam que eu usava algum enchimento no corpo, mas não. As vestes largas e desproporcionais ajudavam no aspecto descuidado e pesaram bem no visual, envelhecendo, também."

Todo filmado no Rio de Janeiro, *Primo Basílio* foi roteirizado por Euclydes Marinho, que o transportou para São Paulo no ano de 1958, época da construção de Brasília. A trama do incestuoso adultério se passava entre Luísa (Débora Falabella), que traiu seu marido Jorge (Reynaldo Gianechinni) com o primo, Basílio (Fábio Assunção), e que será chantageada pela empregada Juliana.

"Houve uma história bem engraçada quando encerramos os ensaios. Acertei com a Marília Carneiro o visual da personagem. Fiz a prova da roupa, tirei uma foto e a imprimi. Como chegava normalmente tarde em casa, e saía muito cedo,

2006. Em cena como a ambiciosa Juliana, do filme Primo Basílio.

© Divulgação – Cedoc/Rede Globo

2007. Com Tony Ramos, na novela Paraíso Tropical.

deixei a foto para que as crianças pudessem ver como eu estaria no estúdio, onde iriam me visitar. Alguém pegou a fotografia e a guardou. As crianças acordaram e foram, sem saber de nada, e tomaram um susto quando me viram daquele jeito. O Bento, menor, não entendeu bem o que se passava, mas a Ana, Antonia e Cleo fizeram umas caras tão estarrecidas que nem dá para descrever. Eles nunca esperaram me ver toda detonada daquele jeito." O filme foi lançado em agosto de 2007. "Foi um trabalho inestimável!"

Porém, em março de 2007, Gloria voltava ao horário nobre, em *Paraíso Tropical.* Gilberto Braga convidou-a pessoalmente, numa conversa informal. Depois de quase 20 anos, a proposta de voltar a trabalhar com ele a seduziu. Se o contato com Regina Duarte, Cássio Gabus Mendes e Dennis Carvalho em *Desejos de Mulher* deixou lacunas, provavelmente Gilberto as preencheria. Ela entrou na novela por volta do capítulo 30.

Paraíso Tropical, escrita por Gilberto Braga e Ricardo Linhares, era situada em Copacabana, foi dirigida por Dennis Carvalho, José Luiz Villamarim e Amora Mautner. Inicialmente, teve baixa audiência, mas logo atraiu os telespectadores, elevando os índices. Gloria interpretou Lúcia Vilela, que tinha um filho, Mateus (Gustavo Leão), fruto de sua paixão adolescente com Cássio (Marcello Antony). "A Lúcia é aquela mulher batalhadora e ética. Com uma visão muito peculiar sobre a vida. Sua amizade com a mãe e com o filho servia-lhe de alicerce."

A personagem pouco explorada causou questionamentos entre os telespectadores e mesmo à imprensa especializada. "Quando o autor tem um *approach* criativo, a personagem fica interessante de se fazer. Se o autor escreve de forma maniqueísta, fica mais chato. Mas não tenho essa preferência entre o bem ou o mal. A Lúcia era politicamente correta, mas não tinha um discurso enjoativo. Então, tornou-se uma personagem que agradou pela ética e normalidade de quem vê a vida dentro da sua realidade."

Gloria recebeu uma vasta lista de premiação, como o Troféu Imprensa, o Prêmio Qualidade Brasil, o APCA e o Troféu Grêmio de Televisão. O Prêmio de Televisão da Personalidade do Ano foi promovido pela revista *IstoÉ Gente.* "Trabalhos gratificantes carregamos como um trunfo. E o reencontro com algumas pessoas que sempre adorei valeu a pena, como o Reginaldo Faria, a Alessandra Negrini e novamente o Tony. Também contracenei com a Débora Duarte, que é uma graça de pessoa."

As gêmeas Taís e Paula, vividas por Alessandra Negrini, instigaram algumas publicações na mídia, comparando-as com as irmãs Ruth e Raquel de *Mulheres de Areia.* "Já haviam tentado fazer isso comigo e com a Malu Mader em *O Dono do Mundo*, sempre a mesma especulação. Acho que tentam criar um clima ruim, muita gente se realiza, então, assunto não faltará, só que comigo não cola. Respeito muito meus colegas e sou muito respeitada também."

"Prefiro essa parte da profissão, que é a troca, o laboratório, a criação. Descobrir a personagem e vê-la crescer aos poucos.

Ou quando você está em cena com uma pessoa que admira e tem um diretor que entende, que também goste do 'jogo'. É isso que me faz ser atriz, e que amo."

O ano de Gloria terminou em grande estilo. Aos 44 anos, recebeu das mãos de Lima Duarte, no programa *Domingão do Faustão*, o Troféu Mário Lago, oferecido a personalidades, pelo conjunto de sua obra. O prêmio foi angariado por escolha do público.

Je t'aime, Paris!

Paris foi um sonho que
se tornou realidade.

Como consequência do seu trabalho internacional, Orlando Morais foi agraciado com um visto de residência criado recentemente para estrangeiros que desenvolvem trabalhos culturais e científicos em território francês, depois distribuído em mais nove países. O documento dava-lhe o direito de legalizar-se em Paris por três anos renováveis. Sua família, por intermédio dele, poderia usufruir de uma carta de permanência, também renovada anualmente, e que lhes competia todos os atributos de cidadãos franceses.

"Paris foi um sonho que se tornou realidade. Todos fomos premiados. Não acreditei quando ele me propôs de morarmos na Europa. Conheci Paris já adulta, na terceira viagem internacional que fizemos casados. Foi o lugar que mais visitamos, desde então. Embora não falasse francês, sentia-me à vontade, talvez por tê-la conhecido com ele, que havia morado lá por dois anos. E vibrei com a possibilidade de viver uma coisa nova num país diferente, com todos os direitos e a família junto."

Em 1º de fevereiro de 2008, Gloria, Orlando e os filhos chegaram à capital francesa. Cleo tinha retorno programado, devido aos compromissos profissionais.

"Apesar da nossa boa adaptação, as crianças sofreram muito. Habituar-se ao frio é difícil. Eles não queriam voltar quando passaram as férias no Brasil. Na França, há uma estrutura muito boa para se educar uma criança, em se tratando de formação. Para os franceses, cada um faz a sua parte no dia-a-dia, e isso faz você se sentir e se tornar parte de um conjunto. Mas o clima é frio a maioria do ano e apesar de moramos num apartamento imenso, não é a nossa casa no Rio, onde podemos andar descalços, sem camisa, correr com o cachorro, ter contato com a natureza. Agora, eles já pedem para ir ao parque mesmo se tiverem que colocar casacos, gorro, luvas, botas, cachecol, mas foi complicado para eles se adaptarem."

Morar fora fez com que ficasse mais perto da família. "A tevê é muito absorvente. Quem trabalha nela, mesmo não sendo ator, tem a vida em sua função. E a casa vira um desdobramento dela. Se não prestar atenção, acaba misturando tudo. Os problemas da novela, as questões de produção e a vida da personagem acabam 'batendo na porta' da casa do ator. *Olha, ligaram da produção... mudaram os horários da cena... o figurino está pronto... chegou o roteiro de madrugada...* É cada recado louco que recebo."

© Arquivo Pessoal

2008. Gloria e a família reunida em seu apartamento em Paris, França.

© Arquivo Pessoal

2008. Antonia, Gloria e Ana, num passeio pelos arredores de Paris.

© Arquivo Pessoal

2009. Com a irmã, Linda; a sobrinha, Rafaela; e a filha, Ana, em Paris.

© Arquivo Pessoal

2009. Orlando, Ana, Gloria, o sobrinho Renato, Linda e Rafaela, num passeio por Paris.

© Arquivo Pessoal

2009. Gloria, a sobrinha Rafaela e a irmã Linda, em Paris.

© Arquivo Pessoal

2009. Gloria, Orlando e os filhos na primeira viagem ao Egito.

Gloria, Cleo, Antonia, Ana e Dona Wilma tiveram aulas de francês oito meses antes de viajarem. "Graças às aulas, resolvo as questões de escola, médico, internet, banco. Consigo até ligar para reclamar das coisas que compro e dão errado, reservo restaurantes... Também exerço as minhas facetas de mãe, esposa e dona de casa. Vou ao supermercado, açougue, feira. Ando de metrô, levo as crianças para a escola, ao teatro, museus."

Incontestavelmente, às vezes, é reconhecida e abordada por fãs russos, romenos, africanos, húngaros, turcos, portugueses, brasileiros e outros. Nacionalidades de todos os cantos do mundo que a viram em alguma novela e admiram-na. "Todos são muito carinhosos. E, sem exceção, mantêm um enorme fascínio por *Mulheres de Areia*. Essa novela é realmente um fenômeno. Na França, como em outras partes do exterior, há um canal que transmite novelas dubladas, inclusive as brasileiras."

Com apenas dois meses na capital francesa, Gloria fez as malas para voltar, também por dois meses, ao seu país de origem, onde filmaria *Se Eu Fosse Você 2*. "Quando terminamos o primeiro, o Daniel Filho tinha me falado de uma possível continuação. E alertou que só faria se tivesse uma história à altura. Não queria um filme insosso."

A parceria entre ela e Tony Ramos reviveria os entreveros de Helena e Cláudio, o casal com identidades trocadas que tenta organizar a festa de casamento da filha — desta vez, interpretada por Isabelle Drummond.

© Arquivo Pessoal

2009. Antonia e Gloria no Egito.

© Arquivo Pessoal

2009. Com o filho caçula, Bento, no Egito.

© Arquivo Pessoal

2009. Gloria e os filhos no Egito.

2009. No Egito, Gloria posa para as lentes da filha, Antonia.

"Sugeri ao Daniel a cena das embaixadinhas. E ele aprovou. Os ensaios me tomaram horas de bola fora. Suei muito a camisa treinando!"

O filme foi finalizado e Gloria voltou a Paris, porém, apenas por 15 dias, já que havia assinado, seis meses antes, o contrato para fazer *É Proibido Fumar*, longa-metragem de Anna Muylaert.

"Jamais havia feito um filme independente, nem tão elogiado pela crítica e pelo público, embora tenha sido modestamente lançado em oito capitais, tendo poucas cópias. Além de tudo de bom que aconteceu, encontrei em Anna uma grande amiga! Melhor, impossível."

A pré-estreia de *Se Eu Fosse Você 2*, em São Paulo, aconteceu em dezembro de 2008, num pomposo evento que abrigou uma série de membros da classe artística. Também foi lançado em Brasília, onde Gloria era a única representante do filme; e no Rio, onde a atriz não compareceu por causa de uma indisposição. Em janeiro de 2009, o filme foi lançado nos cinemas, superando a bilheteria de *Dois Filhos de Francisco*, de Breno Silveira, e ocupando a posição do filme brasileiro mais assistido no ano, colocando-se no segundo lugar de maior arrecadação na história cinematográfica, perdendo somente para *Titanic*.

Depois da retomada do cinema nacional, *Se Eu Fosse Você 2* atingiu o maior público e arrecadação, elevando Gloria Pires como a atriz de maior público em toda a história do cinema nacional. "Vemos produções tão caras que em nada resultam. E outras tão simples que se tornam *blockbusters*. Queríamos

2009. Banner de lançamento de Se Eu Fosse Você 2.

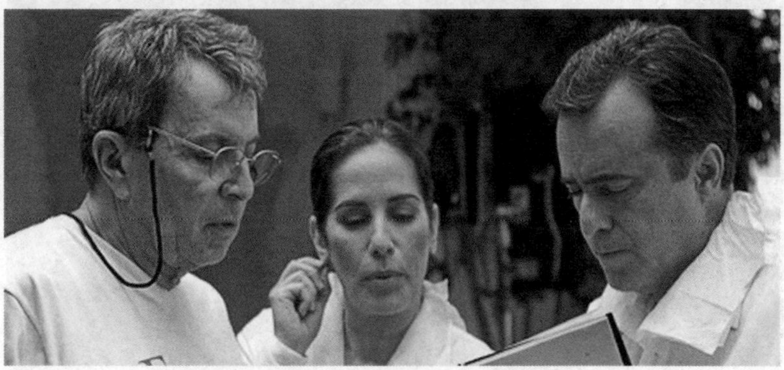

2008. Daniel Filho dirigindo Gloria Pires e Tony Ramos, em Se Eu Fosse Você 2.

© Zezé D'alice - Globofilmes

2009. Em cena com Tony Ramos e Chico Anysio, em Se Eu Fosse Você 2.

© Zezé D'alice - Globofilmes

2009. Em cena com Tony Ramos, em Se Eu Fosse Você 2.

repetir a façanha do primeiro filme, mas não esperávamos bater o nosso próprio recorde. *Se Eu Fosse Você 2* teve que ceder lugar aos filmes americanos, apesar de toda sua repercussão. Poderia ter escalado mais de seis milhões de espectadores rapidamente, se tivesse sido exibido em mais salas."

Um amigo em comum, o então Primeiro-Secretário do Ministério da Previdência, Carlos Eduardo Gabas, conseguiu agendar um encontro entre Gloria e o Presidente Lula, que inicialmente seria de dez minutos, mas que rendeu quase meia hora. "Foi muito bom, ele é uma pessoa carismática e com uma biografia incrível. Não sabia que aquele homem passou tanta coisa na vida antes de virar presidente do Brasil."

A Mãe do Brasil

Numa novela, eu respiro.
No Cinema, ganho fôlego.

Convidada por Anna Muylaert para seu segundo longa-metragem, seis anos depois desde o premiado *Durval Discos*, o filme *É Proibido Fumar* foi todo rodado em São Paulo, num somatório de locações.

Baby é uma solteirona, fumante compulsiva e professora de violão, que criou seu mundo perfeito entre plantas, dentro do apartamento herdado dos pais. Tem dificuldade em lidar com a realidade, até que surge um foco de interesse, quando conhece um novo vizinho, o antitabagista e músico decadente Max (Paulo Miklos). O encontro improvável de dois universos tão distantes acaba por gerar uma alta combustão que envolverá o casal em situações incríveis. Com participações especiais de Marisa Orth, Paulo César Peréio, Antonio e André Abujamra, até da cantora Pitty, o filme faz uma bela homenagem ao músico brasileiro. "Paulo Miklos me surpreendeu. É um cara doce e bem-humorado!"

2008. Baby (Gloria Pires), após atropelar a ex-mulher de seu namorado, Max (Paulo Miklos).

2009. "É Proibido Fumar" rendeu para Gloria e equipe vários prêmios no Festival de Brasília.

Para compor o estilo de Baby, Anna sugeriu usar um aplique de franja, remetendo ao look de *Dancin' Days*, como o pôster da atriz pendurado na sala de sua casa cenográfica. Quando leu o roteiro, Gloria identificou Baby como uma daquelas pessoas que ganham um *complete make-over* num desses *reality shows* estrangeiros. Em geral, são pessoas que têm dificuldade em se desligar da juventude e esse "perfil" se encaixava perfeitamente nela. Anna adorou a ideia e, junto com a figurinista e diretora de arte, começaram a construir o mundo de Baby.

No filme, o cigarro é um personagem e isso foi uma questão que surgiu. Gloria é ex-fumante e não poderia se arriscar com cigarros. Os utilizados em cena foram encomendados pela

2008. Gloria segue instruções de Anna Muylaert durante a filmagem de uma sequência.

2009. Em foto tirada pelo celular de Gloria, a atriz comemora ao lado da diretora os prêmios conquistados com o filme no Festival de Brasília.

2008. Gloria e a equipe de "É Proibido Fumar".

direção especialmente dos Estados Unidos, por serem desprovidos de nicotina.

É Proibido Fumar estreou no 42º Festival de Cinema de Brasília, em novembro de 2009, acarretando uma enxurrada de prêmios, desde o Candango de melhor filme, ao de atriz (Gloria Pires), ator (Paulo Miklos), atriz coadjuvante (Dani Nefussi), roteiro, montagem, trilha sonora, direção de arte e prêmio da crítica.

Gloria, por um triz, não se conteve sobre o palco, ostentando seu troféu. "Já fiz vários papéis no cinema. Aquele foi o primeiro prêmio em festival que recebi pessoalmente."

© Eduardo Nassife

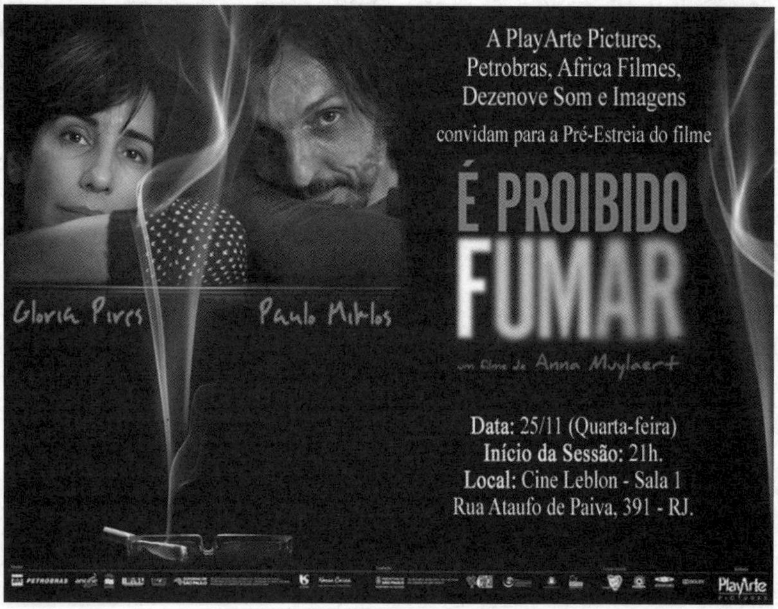

2009. Convite da Pré-Estreia do filme É Proibido Fumar, no Rio de Janeiro.

© Anna Muylaert - África Filmes

2008. A diretora de É Proibido Fumar, Anna Muylaert, com Gloria Pires nos bastidores das filmagens.

A produtora Sarah Silveira agradeceu a Deus, em público, pela sorte de ter Gloria Pires no elenco. "Não é todo dia que se tem uma atriz como ela num filme."

Quando pensava que iria, finalmente, descansar, Fábio Barreto ligou do Brasil para fazer um convite — na verdade, uma "intimação": "*Vou fazer um filme e quero que você esteja nele. Se você não fizer, também não faço!*" O convite em questão era para interpretar Dona Lindu, a mãe de Luiz Inácio da Silva, no seu próximo longa-metragem, *Lula, o Filho do Brasil.*

Baseado no livro homônimo de Denise Paraná, e roteiro de Daniel Tendler, Denise e Fábio Barreto, o filme conta a história de uma família paupérrima que migra para o Sudeste na época da grande seca nordestina.

Fábio planejava filmar em novembro de 2008, mas a dificuldade em captar verba postergou o projeto para fevereiro. De qualquer maneira, Fábio precisava de Gloria em São Paulo para a prova de roupa e caracterização. Então, Gloria passou 10 dias antes do Natal para realizar o que fosse necessário, entre a preparação de *Lula* e o lançamento de *Se Eu Fosse Você 2.* Após a temporada brasileira, Gloria voltou para Paris.

"Numa novela, eu respiro. No cinema, tomo fôlego."

"Eu tenho planos, vontade de fazer algumas coisas, mas não expectativas, pois a vida já me trouxe tão longe, mais do que eu poderia supor nos meus melhores sonhos. O principal é ser feliz onde, com quem e com o que você está fazendo."

Não se arrepender de nada do que fez é um de seus lemas. "Aprendo com meus erros, fracassos e tropeços. E desfruto das vitórias. Claro que houve trabalhos em que esperei mais e que podiam ter sido melhores, infelizmente. Não sou de ficar remoendo. O ruim é exorcizado e vou à luta. A minha vida é boa demais para me arrepender. Cuido dos meus filhos, marido e da minha carreira. Estou sempre pronta quando eles precisam de mim."

Para Gloria, voltar ao Brasil significa saudade. "É bom estar novamente em casa. O Brasil realmente é um país adorável, abundante e farto, com tantos contrassensos. Tenho um enorme orgulho de ser brasileira. Somos um povo guerreiro e sofrido, mas alegre, dotado de uma forma especial de lidar com as dificuldades. Vejo muita gente humilde, sem instrução, pessoas que nunca tiveram a chance de fazer uma terapia, mas que sabem lidar com as adversidades e tragédias de uma forma incrível. O povo brasileiro é muito especial. Claro que temos um histórico de herança complicada, e temos que anular uma coisa para que a outra exista. É algo que me incomoda profundamente."

Como parte dos brasileiros, Gloria não conhecia a fundo a trajetória de Lula, nem sua jornada pessoal. "Por acaso, estamos falando do nosso Presidente da República. E o que é mais louco: a grande maioria da nossa população passa por aquelas coisas! Há tantos heróis anônimos na vida real e ninguém supõe, pois os seus atos se restringem à vizinhança ou terminam calados no túmulo."

Antes de se deslocar por dois meses consecutivos entre o interior de Pernambuco, a capital paulista e os estúdios da Vera Cruz, em São Bernardo, São Paulo, gravando a saga migratória dos primeiros anos de vida do presidente à maturidade, Gloria teve aulas ministradas por uma fonoaudióloga através da internet,

2009. Cartaz de divulgação de Lula, o Filho do Brasil.

© LC Barreto

2009. Em cena, como D. Lindu, em Lula, o Filho do Brasil.

© LC Barreto

2009. Como D. Lindu, mãe de Lula, no filme que narra a vida de Luiz Inácio da Silva.

© LC Barreto

2009. Com Rui Ricardo Diaz, em Lula, o Filho do Brasil.

e pessoalmente para retirar sua entonação trabalhada, característica muito marcante na sua voz.

Lula, o Filho do Brasil é considerada a produção mais cara de toda a história de nosso cinema, somando um investimento de 12 milhões de reais. No elenco, Gloria Pires, Rui Ricardo Dias, Antonio Pitanga, Lucélia Santos, Cleo Pires e Juliana Baroni. "Cleo e eu contracenamos pela primeira vez juntas. E o Fábio criou uma fala na sequência do casamento. É algo rápido, mas foi um gesto carinhoso do diretor, para nos colocar juntas."

Às vésperas das filmagens começarem, a produtora do filme, Paula Barreto viabilizou a ida de Gloria, Rui Ricardo Dias e Milhem Cortaz a um churrasco da família de Lula, em São Bernardo.

"Eu particularmente queria me integrar sobre a Dona Lindu. Sua voz, jeito, caráter, forma de pensar e enfrentar a vida. Conversei com os filhos para buscar tudo o que eu conseguisse sobre ela. E um ponto me chamou muito a atenção: todos, sem exceção, choraram copiosamente ao se lembrarem dela. Uma sobrinha fez companhia a ela em seu último dia de vida, e me contou sobre a positividade daquela mulher até perto de morrer. Ela tinha uma visão positiva do mundo, mesmo tendo enfrentado maus bocados."

Ainda nas fases dos testes em Garanhuns, em Pernambuco, Gloria conheceu um primo e um sobrinho da matriarca, que realçaram a boa essência de Dona Lindu, assegurada em sua personalidade e que remeteu à Gloria lembranças da sua própria mãe.

Com a conclusão do filme e já de passagem marcada para retornar a Paris, Denise Saraceni ligou para Gloria, esfuziante, propondo-lhe um novo seriado aprovado pela Globo, intitulado

Tudo Novo de Novo. Para Gloria, veio mesmo a calhar, pois tinha experiência em minissérie, mas não em seriados, e questionava o porquê de nunca terem lhe chamado. Denise transmitiu os detalhes alegando que seria com Marco Ricca, de quem Gloria é admiradora e com quem contracenou em *O Guarani*.

"Fiquei animada. Denise me alertou que começariam a filmar na semana seguinte, impreterivelmente, por dois meses ininterruptos. Expliquei-lhe que necessitava ir para a França antes. Não podia ficar direto no Brasil, somando quatro meses longe de casa. Perguntei-lhe se dava para contornar a data, pois tinha muita vontade de fazê-lo. Mas não foi possível. Eles tinham um prazo em cima e isso atrapalhou."

Em julho de 2009, fugindo da fadiga, Gloria e Orlando ganharam a estrada para uma lua-de-mel levando os filhos. A viagem estava programada desde o ano anterior e incluía um *tour* às dunas egípcias, seguindo pelos recôncavos de Roma.

No mês seguinte, a aventura foi desbravar a capital londrina, convidada para a inédita participação de *Se Eu Fosse Você 2*, na 1ª Edição do Cine-Fest Brasil-Londres, realizado no Riverside Studios. O local lotado e a positiva reação do auditório, durante a exibição do filme, emocionaram Gloria.

Hospedada por quase uma semana em Londres, observava com aguçados olhos a agitada vida dos ingleses. "Observar as pessoas é uma mania que carrego comigo desde pequena. Isso me deixou analítica e detalhista, o que é ótimo para a minha profissão. Quando vou criar um personagem, tenho sempre uma referência na memória de alguém que vi em algum lugar, e que se encaixa perfeitamente naquilo que preciso."

© Marcelo Faustini

A Seguir, Cenas dos Próximos Capítulos

O tempo que passa parece que nos deixa cada vez mais sem tempo.

Início de 2010. Gloria se acomodou no assento do avião. Endireitou a postura e apertou o cinto de segurança, mediante as recomendações citadas em francês no alto-falante por um comissário, anunciando o pouso da aeronave. Os passageiros silenciaram. Medo de voar era algo que nunca a acometeu. Ao contrário, divertia-se.

O avião planava sobre as verdejantes florestas que apontavam a cidade do Rio de Janeiro. Apontava também o futuro. Suas idas e vindas de Paris ao Rio acarretavam pendências a resolver. Havia alguns meses que espocaram os fogos do novo ano e tantos acontecimentos se passaram. O filme *Lula, o Filho do Brasil* entrou em cartaz com grande repercussão. O diretor Fábio Barreto sofreu o preocupante acidente automobilístico, a próxima novela da Globo entrava em produção e lançaria, finalmente, o seu livro.

Conforme seus planos, por mais que traçasse uma rotina doméstica no estrangeiro, seu destino acabava sendo, no final das contas, o Brasil. Desde que foi morar em Paris, não lhe faltaram trabalhos. Por isso, nunca se sentiu desligada da sua terra. "Criei um esquema de vida múltiplo: cuidar de casa, fazer cursos, criar filhos, ser esposa e atriz."

A máquina desacelerou as turbinas. Seus olhos se encontraram com os da senhora sentada ao lado, que lhe esboçou um sorriso tímido de reconhecimento, mesmo por trás dos grandes óculos escuros que a disfarçava. Gloria abriu a bolsa para conferir se trazia os originais do seu livro. No fundo da bolsa, pela primeira vez, um registro impresso da sua história profissional. As páginas da sua vida. Um projeto de dez anos atrás que, enfim, se concretizava, comemorando numa festa de palavras seus 40 anos de carreira.

Agora tinha o aval do tempo. Não gostava do termo *biografia* por se achar ainda jovem e soar pretensioso. Era apenas a primeira parte da sua história, resultado de horas de entrevistas com os autores, nas longas sessões no salão de beleza, enquanto cuidava da aparência para interpretar Dona Lindu, em casa ou no jardim do Projac, aguardando Cleo durante a gravação da novela *Caminho das Índias*, e através da internet, que servia também para diminuir o abismo entre ela e as pessoas aqui deixadas.

"A internet é realmente uma invenção louvável, mas exige um tempo dispendioso na vida da gente. E requer paciência. A nossa rotina mudou muito. Agora eu acordo, tomo meu café e já vou checar os e-mails. Acesso a internet mais de uma vez por dia como uma obrigação habitual. Quando me lembro que havia tempo para lavar o meu carro aos finais de semana, visitar amigos, passear pela cidade, nem acredito. Neste mundo moderno, com a intenção de ganhar tempo, parece que cada vez ficamos mais sem tempo."

Espiou pela janela oval a cidade azul e verde se materializando na baixa altitude, entre as nuvens. Amava o Rio. Obrigatoriamente, nesse momento vem à mente a música *Samba do Avião*, de Tom Jobim. O coração pressionado contra o livro que abraçava ao peito, guardando toda a sua conexão com pessoas importantes, com a sua arte e o seu Brasil. E mais: com ela mesma. "A diferença entre a Gloria atriz de ontem e a de hoje está justamente na vida. A vida mudou e, lógico, eu mudei. As pessoas mudaram. As necessidades, os sonhos, a importância que a tevê mantém hoje e a escala que ela alcançou. A tevê passou a exercer uma influência inimaginável na humanidade. O futuro virou realidade."

Seus olhos se desligaram da paisagem e pousaram no reflexo do vidro. Retirou os óculos escuros e observou metodicamente seus traços maduros. Cabelos longos, negros e lisos. Satisfeita, sorriu para si mesma. Além das correções na gengiva, nunca fizera uma plástica externa.

Recostou a cabeça na suavidade da poltrona e suspirou, pensando na profissão que a conduzia no vaivém entre os oceanos. "Aprendi que a profissão é muito importante. É a nossa realização. Mas a vida pessoal tem que estar bem, porque só o trabalho não preenche o coração. É muito importante a gente viver o hoje. Como atriz, há a vontade de fazer mais. E farei. Quero me expandir, veicular projetos. Se alguma vez pensei em largar a minha profissão, aprendi que não há como abandonar algo que sou eu. Não é preciso largar, e sim crescer."

Uma aeromoça deslizava pelo corredor, recolhendo o lixo. Gloria analisou cada movimento de sua delicada destreza. Quem sabe um dia precisaria se lembrar dela para interpretar uma aeromoça? O avião desprendeu-se das nuvens e começou a perder velocidade, baixando nos ares.

"Olho para trás e me lembro que dormia no sofá ou no quarto emprestado dos meus primos. Hoje, me pergunto: Eu tinha sonhos naquela época? Eu sonhava em ter uma casa? Sonhava, mas no decorrer da minha vida deixei que as coisas fluíssem, ao passo em que batalhava por elas. Estava me dedicando e trabalhando muito, mas sempre esperando uma resposta por toda essa dedicação. E essa resposta veio, ainda que lentamente. Atualmente, sinto que esses sonhos não se fixaram como uma obstinação. E sim, uma realização."

As rodas do *airbus* encostaram-se na pista e, num solavanco, o avião deslizou. Estava em terra firme. O fim de uma viagem e início de outra. "Ainda menina, prestava atenção em meu pai atuando e percebia que ele não era um ator fantástico só porque brilhava em cena. Ou porque era um homem lindíssimo. Ou por ser um cara legal, amigo de todos. Ou por não ser uma estrela e não se colocar acima de ninguém. Ou ainda porque era um pai genial, adorável, engraçado e amoroso. E um marido amável com a minha mãe. Percebi que tudo isso fazia dele um ator maravilhoso. E um ator maravilhoso fazia parte de tudo isso que ele era. Aprendi com meu pai a não precisar levantar o queixo para ser respeitada. Analisando a minha vida profissional hoje, posso concluir que só resolvi ser atriz por causa do meu pai. Não poderia ter uma inspiração melhor do que ele."

Os passageiros se levantaram, apanhando suas bagagens e se preparando para desembarcar. Gloria, de cabelos presos, ajeitou os óculos e se misturou aos demais. Cuidadosamente, alojou na bolsa o livro que, em breve, estaria nas prateleiras das lojas e nas estantes das pessoas, contando, da maneira mais sincera que ela sabia fazer, seus anos de glória. Um menino de mãos dadas com a mãe lhe acenou. E Gloria retribuiu, lembrando da menina que foi um dia, quando trabalhar como adulta era uma brincadeira de criança.

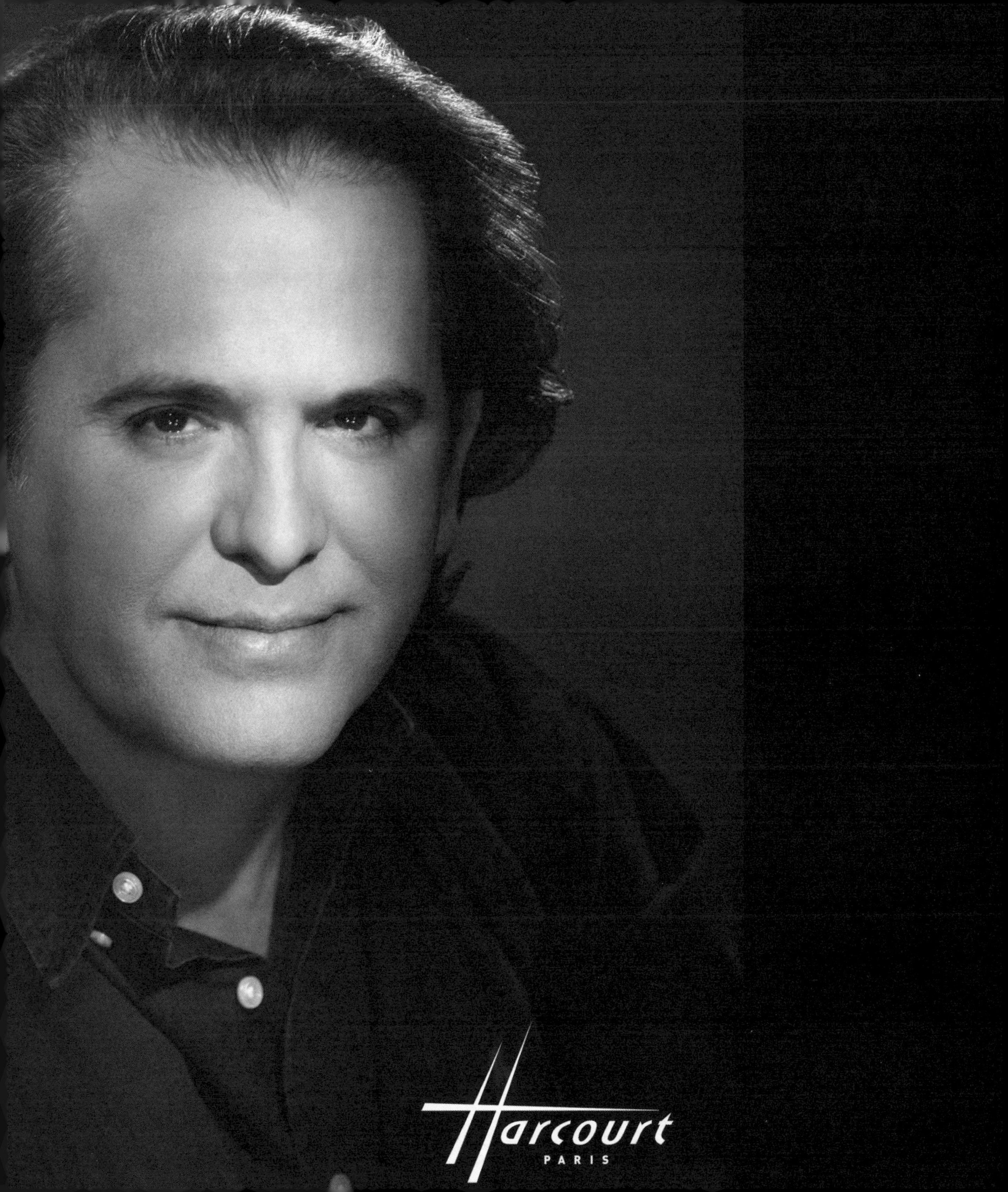
Harcourt
PARIS

© Eduardo Nassife

2009. Making of da sessão de fotos no Estúdio Marcelo Faustini.

© Marcelo Faustini

2009. Making of da sessão de fotos no Estúdio Marcelo Faustini.

© Marcelo Faustini

Eduardo Nassife, Gloria Pires e Fábio Fabrício Fabretti.

Depoimentos

Nossa primeira lembrança atuando foi em "Duas Vidas". A Glorinha estudava de manhã e gravava à tarde. Chegava ao estúdio por volta de meio-dia, ainda de uniforme. Era espontânea, muito alegre e já profissionalíssima, superdisciplinada. A Dona Elza a acompanhava. Através dos pais, que eram maravilhosos, não tive dúvidas de quem herdara aquele carisma, simplicidade e humildade que conserva até hoje. É uma pessoa que está na crista do sucesso há mais de quarenta anos. É impressionante como ela sempre manteve a mesma postura, educação, encanto e companheirismo. Uma excelente amiga. Humana e dotada de uma noção da realidade muito grande. Adoro artistas que não se iludem, e a Glorinha é prova disso. Temos consciência de que nem todo sucesso é permanente e nem todo fracasso é absoluto.

Stephan Nercessian

Gloria é uma fortaleza frágil. Uma amiga forte. Carinhosa. Preocupada. Afetiva. Amorosa. Ela e Lauro Corona formaram uma dupla que eu juntei num romance televisivo, no qual fui o padrinho. Benditas são as pessoas amadas por ela. Fomos nos encontrar novamente em "O Tempo e o Vento". Ela filmava "Partido Alto" e teve algumas complicações, porque não queriam liberá-la para gravar a minissérie. Entrou desesperada na minha sala e suplicou que precisava e iria fazer aquela personagem. Avisei-lhe que parecia impossível, estando comprometida em outra novela. Ela insistiu. E ainda bem que concordei. Em "A Partilha", tinha pouco dinheiro para o filme e todo mundo sabia disso. Meu prazo era curto e a Gloria passando mal com a gravidez. As pessoas falavam para substituí-la. Respondia que não faria isso de jeito nenhum. Sem ela, não teria filme. Resolvi dar uma parada e banquei tudo até ela melhorar. Ao mesmo tempo, fiquei feliz em ver a preocupação dela conosco, lá no hospital. Eu me lembro de voltar de uma das filmagens e liguei para saber como ela estava. Ao perguntar pelo bebê, ela respondeu: "Não tem mais, Daniel". Comecei a chorar. Havia presenciado a felicidade dela por estar grávida novamente. E ela me consolando, do outro lado da linha: "Calma, Daniel. Foi o que tinha de ser". Eu me lamentava pela dor que ela deveria estar sentindo e a Gloria, com uma força que não sei de onde vinha. Gosto demais da atriz Gloria Pires e mais ainda da pessoa Gloria Pires. Confio muito nela e sei que ela confia muito em mim. Considero-a uma atriz de grande precisão e econômica nas suas emoções. A Glorinha faz o que for possível para um personagem. É muito divertida também. Para dirigi-la, tem duas opções: ou você sabe realmente dirigir ou fica calado. Deixe-a fazer, que ela sabe! Se um diretor não souber como agir, ela acaba passando por cima dele e não vai sobrar pedra sobre pedra.

Daniel Filho

Estava toda pronta para compor a empregada em "Dancin' Days". Assumir a Yolanda era um grande passo. Um desafio difícil no começo, mas resolvi aceitar. Foi aí que eu conheci a Glorinha, aquela menina que expirava ternura. Também tinha um carinho maternal pela Glorinha, que preservo até hoje. Ela é dedicada, determinada e de um profissionalismo incrível. É redundante citar as qualidades de Gloria como pessoa e profissional. O mais fantástico disso tudo é que ela se preserva assim até hoje.

Joana Fomm

Conheço a Gloria desde muito pequena. Ela estudava no mesmo colégio que meus filhos. Anos depois, nos encontramos em "Dancin' Days", minha primeira novela na Globo. A visão que ela me passava era da colega dos meus filhos, independentemente do talento como atriz. Houve um episódio que ocorreu durante as gravações em que ela teve um bloqueio. Ela sabia toda a cena, mas na hora de gravar não conseguiu. Em seguida, teve uma crise de choro. O Daniel começou a gravar fala por fala, até o final. Não sabíamos a razão pela qual ela chorava tanto. Creio que por excesso de responsabilidade.

Reginaldo Faria

Era maquiadora da TV Rio e o pai dela era uma das maiores estrelas da época. Quando eu vi a Glorinha aparecer na tevê, tinha uma preocupação enorme, porque seu pai, o Antônio Carlos, já era meu amigo e talentosíssimo. Meu Deus, pensava, será que a filha será daqueles prodígios, que chegam a certa idade, dão uma queda e não viram nada? Quando voltei de Paris e vi a Glorinha na novela do Gilberto Braga, "Dancin' Days", fiquei mais tranquila, porque o temor de que o Antônio Carlos tivesse uma filha canastrona se dissipou. Fiquei alucinada ao ver aquela menina que tinha acabado de completar 15 anos, enfrentar a Joana Fomm e a Sônia Braga, que são divinas até hoje, sem deixar nada a dever. Além de a Gloria ser uma grande atriz, notei que era dotada de algo raro entre os atores: técnica. A percepção dela com as câmeras foi sempre muito precisa. Pouquíssimas atrizes conseguem ter a garra e a força da interpretação de Gloria. Fico muito feliz em ver como ela conseguiu se sair bem como filha, atriz e mãe. Parabéns, querida. Nem todas conseguem.

Rogéria

Depois de "Dancin' Days", encontramo-nos novamente em "Cabocla". Tenho muita admiração pela Gloria. Ela é a melhor atriz da tevê, sem dúvida. Espero que seja sempre muito feliz ao lado da família e que nunca abandone essa maravilhosa carreira.

Cláudio Corrêa e Castro

Conheci Gloria quando ela era muito novinha, na primeira versão de "Selva de Pedra". Trabalhamos depois em outras novelas. Em "Louco Amor", interpretei a mãe dela, onde estreitamos ainda mais a relação. Ela é uma pessoa digna de merecer essa linda homenagem. Tem uma carreira ímpar, que construiu com muito empenho e tanta dedicação, e que a elevou a uma das maiores atrizes desse país. Certa vez, ela me disse que pensava em abandonar a carreira, e eu reclamei: "Por favor, Glorinha! Não faça isso, pois nós precisamos muito de você e do seu talento". Ela é especial no verdadeiro sentido da palavra.

Arlete Salles

Ela sempre foi um exemplo a ser seguido. Era um modelo do que era ser uma boa atriz. A primeira vez em que pisei na Globo, estava circulando perdida pelos corredores e fui parar num cenário de "Louco Amor." Vi a Gloria ali, decorando o texto. Foi uma emoção enorme encontrar uma atriz que era ícone de uma geração. Sempre me identifiquei muito com a sua postura. É uma pessoa discreta, reservada, nada vulgar e sempre ligada à família. Fui trabalhar com a Gloria, de fato, em "O Dono do Mundo", e me serviu para comprovar o que suspeitava. Óbvio que, quando você é atriz e está em cena, deseja trabalhar com quem é bom. Este é um dos grandes baratos dessa profissão. Quando eu contracenava com ela, a cena crescia para mim. E o que sempre me impressionou é sua capacidade de chorar! É um negócio incrível! Quando ela começa, fico emocionada. Sempre fui, sou e serei sua fã. A Gloria realmente foi uma grande inspiração para eu ter me tornado atriz.

Malu Mader

"Louco Amor" entrou no ar às pressas, devido ao repentino falecimento de Jardel Filho, protagonista da novela antecessora, "Sol de Verão". Gloria revelava seu fantástico senso de humor. Era como uma criança que gostava de brincar, curiosa, e às vezes, imperativa. Dos trabalhos que integramos, gostei de todos. Porém, o que mais admirei foi ser seu telespectador. Para a pouca idade que ela tinha, possuía uma carreira invejável. Ela é imbatível. Achei brilhante não mostrar nas gravações a insatisfação que sentia com "Suave Veneno". Foi realmente complicado e ela soube driblar, fazendo a parte dela de um modo extremamente profissional, até o fim. Convivia com uma Gloria sempre bem-humorada, sem sentir nenhuma dificuldade nas cenas em conjunto. Sempre que a câmera se acende, vem à tona nela uma criança que, suspeito, existe dentro dela até hoje, mesmo já sendo adulta. Gloria tem uma coisa muito especial como atriz: seu temperamento e senso de humor. Dois itens que podem ser tomados até como dois extremos. Ela sabe administrar isso muito bem no trabalho, e, acredito, na vida pessoal.

José Wilker

Ela tem um lado maternal muito grande com seus colegas de trabalho. Uma espécie de bênção divina. Uma pessoa que doa sua amizade e o seu respeito. Gloria é muito engraçada também. As pessoas têm uma imagem de seriedade dela, e até é, como profissional e ser humano, mas em seu lado sério cabe um espaço para a alegria. Gloria é daquelas pessoas que tudo na vida é intenso, profundo, e quando ela diz que gosta, é verdade. Eu a tenho na minha estante da vida, num lugar de honra, com seu humor, seu jeito de se relacionar, sua maneira de falar, inclusive, muito divertida. Devem ser esses detalhes que dão luz interior ao que ela faz. Ela é uma mulher como poucas, que conseguiu superar todas as dificuldades que enfrentou na vida. Adoro encontrar a Gloria para falar besteira. Quer falar besteira? Gloria Pires sabe tudo!

Cissa Guimarães

Quando contracenávamos, em "Direito de Amar", ela tinha o hábito de prender o riso, pois me achava engraçada. Olhava para ela e estava sempre se segurando para não ter aquelas crises de riso. Ela é uma excelente colega de trabalho, carinhosa e honesta.

Betty Gofmann

Ela tem uns recursos espontâneos, naturais, que eu admiro demais numa atriz. Era difícil contracenar com ela. Levava aquela frieza da Maria de Fátima às últimas consequências, com muita propriedade e talento. Mexia comigo. Respeito imensamente a Gloria por ela ter esse dom de saber gerenciar a vida. E admiro seu equilíbrio, jeito tranquilo e a forma com que se relaciona com as pessoas.

Regina Duarte

Vi a Glorinha em "Dancin' Days" com aquele lindo cabelo, longo e pesado, e um rosto forte e delicado. Encontramo-nos depois em "Vale Tudo", e aí veio a confirmação, apesar de tão jovem, da grande e experiente atriz, econômica de gestos, voz segura e dona absoluta da personagem.

Cássia Kiss

Na década de 90, surgiu um projeto peculiar. A Globo me propôs escrever uma história cômica para o horário das sete. Foi uma novela encomendada, que já tinha o seu elenco escalado, "Mico Preto". A Sarita da Gloria foi para valer. Em "A Partilha", fiquei fascinado e pensava constantemente no papel que lhe caberia em minha próxima novela. Só tenho a agradecê-la pelo seu talento, pois é uma dádiva. A Glorinha é muito alegre, humana, íntegra e profissional.

Euclydes Marinho

Conheci a Glorinha nos testes para fazer a filha da Sônia Braga em "Dancin' Days". Naquela época, ela já me impressionou com o seu carisma e talento. Viemos a nos aproximar como amigos na novela "Vale Tudo", em que a Maria de Fátima foi um marco na história de grandes interpretações da tevê brasileira. Era um prazer dirigi-la. Ela fazia uma cena sempre de maneira diferente da outra, o que mostra o quanto é totalmente intuitiva. Depois, fizemos vários trabalhos juntos. A curiosidade é que Gloria sempre teve o riso solto, quando começa a rir em cena temos que desistir e esperar uns 15 minutos até passar o ataque. E quando a escalei para "Mico Preto", usamos esse riso como parte da personagem, ou seja, qualquer situação que ela enfrentasse era sempre às gargalhadas. E ela adorou, claro. Para mim, Gloria e Fernanda Montenegro são as melhores atrizes do Brasil.

Dennis Carvalho

Meu primeiro contato com a Glorinha foi assistir àquela menininha crescendo e arrasando na tevê. Em "O Tempo e o Vento", sua determinação mostrou ser sua maior qualidade. Ela lutou para ser liberada por alguns dias de "Partido Alto", e viajava aos finais de semana a Porto Alegre, para gravar como Ana Terra; depois, voltava para o Rio, para a novela. Naquele momento, senti que a minissérie seria um trabalho diferenciador para a sua carreira, afinal, em nível de produção, era praticamente inviável ela ter participado. Sua coragem a ajudou a fazer um belíssimo trabalho. "Mico Preto" foi uma novela muito louca, com risadas garantidas. Nós fazíamos e falávamos muitas besteiras. Dennis Carvalho a convidou para fazer tudo o que ela não tinha feito: uma cafona, suburbana e trapaceira. E ela assumiu durante as gravações uma liderança muito forte, que é também uma qualidade dela. É uma colega de trabalho extraordinária. Apesar de a novela ter se enfraquecido, os momentos divertidos que passamos foram recompensadores. Em "Memorial de Maria Moura", estávamos mais sérias, pois as dificuldades de gravação eram maiores. Mas a Gloria nunca perdeu o bom humor e, principalmente, a confiança de querer fazer o melhor. A cena da passagem do tempo ficou estupenda, graças aos precoces olhos de diretora da Cleo e de Gloria, que ficava muito perto da técnica, analisando tudo.

Denise Saraceni

Nunca me esqueço que, depois do estrondoso sucesso de "Vale Tudo", escrevia "O Dono do Mundo", quando fiz uma sequência em que Rodolfo, feito por Kadu Moliterno, daria um tapa em Stella, na pele de Gloria. Ao finalizar a cena, liguei para o Sérgio Marques, um dos meus colaboradores. Li a cena para ele, pelo telefone mesmo. Sérgio não gostou. Achou a cena piegas, principalmente no momento em que a Stella diria: "Dedico este prêmio ao amor da minha vida, à razão do meu viver". Então, disse a ele que quem faria seria a Gloria. E ela faz qualquer texto bem. Ele acabou concordando e entendeu que eu não me referia a qualquer atriz, e sim a uma excepcional, com uma interpretação majestosa. Falava de uma das minhas atrizes preferidas: Gloria Pires.

Gilberto Braga

Gosto muito de chamá-la de "Gloria da vida", devido à música do Caetano Veloso. E a chamo também de "índia", porque tem uma sabedoria malandra, calma e bem-humorada. Quando pergunto alguma coisa e ela não quer responder, eu digo logo: "Ih, índia! Não vem, não!". O que mais marca na Gloria é a sua integridade. E a verdade que ela transmite. É um privilégio tê-la conhecido e também um enorme prazer participar de sua intimidade.

Maria Padilha

Trabalhamos juntos pela primeira vez em "O Dono do Mundo". Mas, quando pequena, ela acompanhava o seu pai nas gravações da novela "A Muralha", em 1967, na TV Excelsior. Lembro que eu falava sobre a profissão de ator e ela, bem pequenininha, me ouvia atentamente. Hoje, entendo porque tinha aquele interesse em me ouvir, pois é alguém que respeita, ama e se dedica totalmente à profissão. Todas as qualidades que a Gloria tem como profissional se refletem no resultado de seu trabalho.

Stênio Garcia

De todas as atrizes com quem contracenei, nunca vi ninguém dominar tão bem a arte da interpretação em tevê quanto a Gloria. Ela está sempre com o texto na ponta da língua, facilitando o trabalho de quem está em cena com ela. E olha que em "Mulheres de Areia" ela decorava o texto de quatro personagens: Ruth, Raquel, Ruth se passando pela Raquel e vice-versa! Um momento que me marcou na novela foi a cena da morte da Raquel, em que a Ruth consola a mãe, a Isaura. Foi muito emocionante!

Sebastião Vasconcellos

NA MINHA PRIMEIRA NOVELA, "PARTIDO ALTO", POR SORTE, DIRIGI A GLORINHA. O QUE ME MARCA NELA SÃO A FORÇA, O CONTROLE E A CONSCIÊNCIA DAS COISAS. POSSUO MUITA ADMIRAÇÃO E RESPEITO POR ELA, SUA FAMÍLIA E SEU TRABALHO. MEU SEGUNDO CONTATO FOI EM 1993, EM "MULHERES DE AREIA", ONDE ESTREITAMOS A RELAÇÃO. O EFEITO DA DUPLICAÇÃO PARA COLOCAR AS GÊMEAS JUNTAS EM CENA ERA REALIZADO POR MIM, MANUSEANDO O "CHROMA-KEY". E EXIGIA UM LONGO PREPARO. DESENHÁVAMOS A PLANTA DO CENÁRIO NO CHÃO, TRABALHÁVAMOS COM TOPOGRAFIA, FAZÍAMOS TESTES COM FIGURANTES, ENFIM, FOI DESGASTANTE, MAS DAVA MUITO PRAZER, POIS O RESULTADO FINAL ERA FANTÁSTICO! OS MOVIMENTOS TINHAM DE SER PRECISOS E COMBINADOS. AS PARTES EMOCIONAIS DAS PERSONAGENS TAMBÉM ERAM TRABALHOSAS. OS PONTOS FORTES DA NOVELA NÃO FORAM SÓ OS EFEITOS TÉCNICOS, E SIM TER PRESENCIADO UMA MOSTRA DE UM TALENTO RARO NA TEVÊ, NUM SHOW DE INTERPRETAÇÃO QUE ELA OFERECIA A CADA CENA. SUA CREDIBILIDADE EM RELAÇÃO AO TRABALHO, A CONFIANÇA QUE ELA SEMPRE TEVE EM SI MESMA E AQUELE AMOR PELO PAI E PELA FAMÍLIA É LINDO. A GLORINHA TEM UMA CARREIRA ESPECIAL E, COMO CONSEQUÊNCIA, UMA FAMÍLIA À ALTURA. DAS ATRIZES COM QUEM EU JÁ TRABALHEI, ELA FOI, SEM EXAGERO, A MELHOR.

CARLOS MAGALHÃES

Felizmente, na minha carreira tive o grande prazer de contracenar com a Gloria. Foi um prêmio. Meu primeiro contato com ela foi em "Mulheres de Areia". Na verdade, acompanhava a carreira dela desde que era criança, mas só a conhecia pela tevê. Eu amei trabalhar em "Mulheres de Areia" por vários motivos: a história, a direção, a autora e o elenco tão bem escolhido. As pessoas até hoje me falam daquela novela com muito carinho. Fico feliz e impressionada em saber que o sucesso da novela não se limitou apenas ao Brasil, tornando-se um clássico. Das jovens atrizes, sem dúvida, Gloria é a mais marcante. Respeito-a, admiro-a e a amo como atriz e cidadã. E, acima do lado profissional, eu a amo mais ainda pela dignidade com que ela exerce o seu melhor papel: o de ser humano.

Laura Cardoso

Falar da Gloria é falar da honestidade e da competência em tudo de bom que um ser humano acumula ao longo da vida. Acho que nos conhecemos no programa "Chico City", na década de 70. Ela já era fantástica. Desde que foi rejeitada no teste para "O Primeiro Amor", eu afirmava que ela seria a maior atriz já formada pela televisão no Brasil. Até hoje, a Gloria não teve concorrente. Ainda é a maior e melhor atriz feita pela televisão brasileira. Orgulho-me de tê-la como amiga e, mesmo em Paris, ela me procura e conversamos sempre que vem ao Brasil.

Mário Lúcio Vaz

Sempre fui fã da Gloria e, graças a Deus, em "Anjo Mau", tive o presente de contracenar com ela. Nossas personagens duelavam. Aquela experiência era um verdadeiro aprendizado, cuja escola atende pelo nome de Gloria Pires. Certa vez, quando Paula, minha personagem, estava num banheiro com a Nice, e eu começava a humilhá-la, chamando-a de "vira-lata" e "pulguenta", a Glorinha teve uma crise de riso. Também não consegui me conter. Uma das cenas mais importantes da minha carreira foi aquela do penúltimo capítulo, em que a Paula sequestrava a Nice e brincava de roleta-russa com ela. A Gloria é muito curiosa, interessa-se por tudo, principalmente pela vida. Ela também é muito organizada. Uma pessoa que me inspira o tempo todo como atriz, mãe e pessoa. Uma pessoa com amor.

Alessandra Negrini

Conheci Gloria no antigo Teatro Fênix, na Globo, onde fomos juradas do MPB Shell, em 1980. Assim que nos vimos, a empatia foi imediata. Tinha 13 anos; e ela, 16. Após a gravação do programa, fomos patinar na Lagoa. Gloria me emprestou os patins dela, que eram lindos, com botas pretas de veludo e listras coloridas. Também me ensinou a tomar milk shake de Ovomaltine, depois de uma sessão de cinema. Eu a considero como uma irmã.

Narjara Turetta

Gilberto Braga me chamou para escrever "Vale Tudo" com ele e a Leonor Bassères. Desde o princípio, nós queríamos a Glorinha para viver a Maria de Fátima. Ela era a pessoa certa para aquela grande personagem. Nós, autores, temos um "pacto" com o nosso ego. E o meu fica ótimo quando escrevo para ela. Houve uma época em que o horário das novelas das seis estava muito prejudicado, recuperado graças a "Anjo Mau", com a atuação de Gloria. Em "Suave Veneno", ocorreu uma história engraçada. Gloria era a única atriz que eu imaginava para viver a Inês. Na primeira fase da novela, ela deveria fazer da personagem uma fingida, uma "página em branco". O Daniel Filho queria que ela exagerasse mais na atuação. E ela não exagerava. Ficava sempre na medida certa. Aí, ele comentou que ela deveria estar muito rica mesmo. Quando Gloria perguntou o motivo, ele respondeu às gargalhadas: "porque vai ser econômica assim no raio que a parta". Todos riram. Adoro escrever para a Glorinha porque ela encaixa o tom do personagem como realmente queremos.

Aguinaldo Silva

Gloria é uma mulher sensacional, tanto como atriz quanto pessoa. Além de ser amorosa, é também uma das mais inteligentes e focadas que já conheci na vida. Uma verdadeira força da natureza. Tem um nível de organização impressionante: parece um monge zen, com aquela carinha de índia. Não é à toa que Lauro Corona a apelidou de "Vovó Glorinha", referindo-se certamente ao seu avançado nível espiritual e pessoal. Ela não perde tempo com besteira, não cria problemas, e sim os resolve. E traz todas as suas qualidades para o trabalho, sem o exibicionismo típico da profissão. Gloria se entrega cem por cento em tudo o que faz: na foto, no ensaio, na cena... É um solo firme para se pisar. Um cavalo firme para cavalgar. E uma amiga querida para se ter.

Anna Muylaert

Conheci Gloria durante a gravação de um comercial de sorvete, que ela fez ao lado da Lídia Brondi, em 1980. Trabalhei bastante com o pai dela, no cinema e na tevê. Ela é tão profissional quanto ele. Em "Memorial de Maria Moura", Gloria teria que cortar o cabelo para a personagem se masculinizar. Ela falou que não o faria e houve um impasse. Expliquei-lhe a importância disso, para que os homens pudessem respeitá-la. E ela respondeu que tentaria outra coisa. Amarrou um pano na cabeça, que ficou estranho. Mas a maneira e a força com que ela o prendeu foi tudo o que precisei para a minissérie. Esta é uma história que jamais esquecerei porque, como diretor, achava que aquele pano não iria substituir o corte de cabelo. Hoje vejo que significa muito mais do que se ela o tivesse cortado. A pior coisa que existe é fazer a segunda versão de qualquer produção. Nunca é igual à primeira. E o primeiro trabalho é quase sempre melhor. Mas a Glorinha regravou "Mulheres de Areia" e "Anjo Mau" para trazer um sucesso igual ou até maior que antes. Uma cena de "Anjo Mau" que marcou foi quando Nice estava sozinha, sentada na cadeira de balanço, chorando, no quarto do bebê Téo. Virei-me para ela e disse que queria mostrar que a babá também era gente. A humanização que ela deu à personagem me comoveu. Deixei a gravação rolar por bastante tempo. Não economizei tempo, pois, além de ter sido uma cena linda, era ela quem estava em foco. Na posição de diretor, considero o saber olhar uma coisa muito importante no ator. Normalmente, um ator, ao ouvir o texto do outro, espera a "deixa" para corresponder. E com a Gloria isso não acontece. É impressionante a profundidade do seu olhar. É a atriz que eu mais gosto, entre todas. Sou apaixonado por ela. É muito difícil falar de Gloria Pires, pois é só citar tudo o que ela fez na vida. Não tenho dúvida, tenho é um orgulho muito grande. Espero que as atrizes que estão começando tenham a Gloria como exemplo, para que a tevê consiga ter bons profissionais que mantenham um pouco de arte com a nossa profissão tão desgastada. Independentemente do respeito profissional, trago um carinho e amor muito grande por ela. Sou feliz por fazer parte do seu livro. Que bom que ele vem no auge do seu sucesso. Expresso aqui a minha admiração, respeito e toda paixão pela sua carreira, pessoa e talento, que vai muito longe. Se Deus quiser, ainda vou me encontrar com ela por baixo das luzes.

Carlos Manga

Glorinha me lembra um lago. Um lago de águas serenas e profundas. Mas essas águas são calmas só na superfície: no fundo do lago, as águas borbulham, fervilham de energia criativa, de vontade de realizar coisas. Adoro rir com a Glorinha, quando éramos mais jovens tínhamos muitos ataques de riso! Já choramos juntas algumas vezes, mas em uma delas, o choro virou riso. Era o batizado de minha afilhada Antonia, a mãe da Gloria tinha morrido havia pouco tempo e estávamos todos muito emocionados. Eu estava nervosíssima, querendo cumprir meu papel de madrinha com perfeição, mas confesso que não sou lá muito boa para cerimoniais, me atrapalho um pouco. Numa determinada hora, alguém deu uma poesia para a Glorinha ler: ela começou muito bem, mas se emocionou, começou a chorar e me passou o texto. Eu estava com Antonia no colo, tentando imitar tudo que o padrinho dela fazia durante a cerimônia: ele levantava, eu levantava também; ele sentava, eu fazia igual; ele rezava, eu me benzia. Equilibrando minha afilhada no colo, peguei o texto que Glorinha me passou para ler. No início, eu me saí bem, mas Antonia não colaborou nem um pouco, dava tapinhas no meu rosto, atrapalhava meu cabelo e puxava um colar de pérolas do meu pescoço, me tirando o equilíbrio. Teve um momento que tapou meus olhos com as mãozinhas rechonchudas e não enxerguei mais nada. A situação começou a ficar patética e o Orlando veio em meu socorro e pegou a poesia para ler. Olhei pro lado e vi que todo mundo estava rindo e o padrinho da Antonia super compenetrado, rezando. Quando estou com a Glorinha tudo muda: a vida fica mais leve, parece que somos eternas adolescentes. Se eu tivesse que fazer uma dedicatória para esse livro, escreveria: "Para Glorinha, que transforma em luz a escuridão, todo o meu amor".

Louise Cardoso

Conheci a Glorinha ainda criança, em "Selva de Pedra", em que eu interpretava o Miro. Nós brincávamos muito. Ela corria pelos corredores durante os intervalos. Já tinha um brilho especial, mostrando que seria a grande atriz de hoje. Natural para quem é filha de um grande ator. O talento, nesse caso, é hereditário, o que comprova o quanto a genética é perfeita. Em 1983, durante as filmagens de "Memórias do Cárcere", tive o meu primeiro grande encontro adulto com Gloria. Foi um inesquecível filme. Além da semelhança física com a Dona Heloísa Ramos, ela conseguiu passar verdade. Um fato curioso nesse trabalho foi a Gloria não saber nada de militância política, como a Dona Heloísa sabia, mas compensou esse desconhecimento através de seu talento. Ela mergulhou no filme. Pessoas como ela são raríssimas.

Carlos Vereza

Quando Gloria trabalhou comigo em "Chico City", eu observava, abismado, aquela garotinha tão jovem e tão profissional, preocupada e muito determinada. Esses adjetivos são provenientes dos pais dela. O Antônio Carlos era um grande amigo, excelente ator e um dos melhores profissionais com quem trabalhei. E Dona Elza era uma pessoa boníssima e íntegra.

Chico Anysio

Minha mãe é uma grande inspiração para mim. Eu a considero a mulher mais linda do mundo.

Cleo Pires

Ela é uma vencedora. Trabalhou a vida toda e mantém um espírito batalhador. Gloria nasceu para interpretar e o faz muito bem. Em alguns momentos da nossa vida, comportei-me com ela como se fosse a nossa mãe, até pela nossa diferença de idade. Ela era a caçulinha e eu tinha aquela preocupação típica de irmã mais velha. Com o tempo, foi ela quem passou a ter atitudes de mãe comigo. Precisava de um apoio materno e ela o fez. Acho que agora estamos numa etapa de igualdade, num relacionamento de irmãs mesmo. Gloria representa para mim alguém que eu amo. É a minha Glorinha, não a Gloria Pires. Uma pessoa normal, carinhosa, educada, com atitudes de pessoas comuns. Em nenhum momento, ficou deslumbrada com a fama, mas isso vem de berço, sempre teve o exemplo do meu pai. Nossos pais falavam para ela tratar bem as pessoas, independentemente de quem elas sejam. O respeito sempre foi a palavra-chave que eles nos ensinaram. Fico orgulhosa por ela ter vencido fazendo o que mais gosta. Gloria merece o melhor, sempre.

Linda Pires

O que eu louvo em Gloria é a preocupação que ela tinha com o pai. Isso é muito importante, porque ela sabia que, o que ela é hoje, foi graças a ele. Tenho muito orgulho dela e agradeço a Deus porque já a tenho por perto e sei que, se eu precisar, poderei contar. Da amizade, só tenho a proferir que ela é a "Glória da vida"!

Antônio Padilha

Quando a mãe dela faleceu, eu estava na Europa com a minha mãe. Nesse dia, acordei e disse que havia sonhado com a Glorinha. Pouco tempo depois, ela me ligou, mas não me contou nada. Só quando voltei ao Brasil soube do episódio. Ela teve o cuidado de me preservar da triste notícia, por eu estar viajando com a minha mãe, e sabia que isso certamente me afetaria.

Zeca Vitorino

Conheço a Gloria desde cedo, das novelas. Era amigo do pai dela, o saudoso Antônio Carlos. Somos extremamente perceptíveis quanto ao carisma e talento de um ator, e ela revelou isso desde cedo, em sucessos como "Dancin' Days", "Cabocla" e "Vale Tudo". Esbarrávamos-nos nos corredores da Globo, sem nunca trabalharmos juntos. Fizemos "Pequeno Dicionário Amoroso", mas não contracenamos. Um dia, Silvio de Abreu me ligou dizendo que queria me unir com Gloria na novela "Belíssima". Enquanto eu aguardava o início da gravação, Daniel Filho me sugeriu filmar "Se Eu Fosse Você". Queria um casal diferente, mais experiente, e perguntou o que eu achava de fazer com a Gloria. Surgiu então uma grande amizade que se solidificou. Constatei a criatura fantástica que ela é, voltada para causas sociais, extremamente amiga e conciliando harmonicamente família e carreira. Em nosso texto "batemos bola". Ela já chega com o texto todo decorado!. Na primeira cena de "Paraíso Tropical", Gloria invadia o meu escritório para tomar satisfação sobre o seu filho. O Dennis me sugeriu, em segredo, durante o ensaio, que eu respondesse em grego, remetendo ao personagem de "Belíssima". O estúdio inteiro desabou de rir diante da expressão desconcertada de Gloria. É uma profissional inenarrável.

Tony Ramos

É muito fácil e muito difícil falar sobre a Glorinha. Não sou capaz de descrever todo o espectro dela porque há componentes mágicos que a palavra não alcança. Embaixo desse diminutivo existe uma heroína de dimensão mítica. Você percorreu a jornada da heroína em sua trajetória como mulher e como atriz. Vimos uma menina passando de criança a jovem e logo mulher. Mãe e escudeira de uma linda família, time para ganhar qualquer Copa: Cleo, Antonia, Ana, Bento e o técnico e amigo Orlando. Doce e afetuosa por um lado, segura e firme por outro. Atenta aos amigos e às causas humanas. Do alto da sua majestade, preserva uma elegância e gentileza de quem compreende que divide o mundo com seres normais e suas diferenças. Glorinha, gênio da raça, você veio para escrever uma história de talento e deixar um legado de sucessos. É também admirável o exemplo que você reflete de disciplina e profissionalismo, posicionando-se muito equilibradamente diante do sedutor universo glamouroso que embala o mundo do artista. Nascida com a missão de ser atriz, herança do grande comediante Antônio Carlos, é uma das atrizes de olhar mais expressivo da constelação de primeira grandeza. De transmitir uma história completa apenas com o olhar. Uma estrela. Acompanhei boa parte do seu percurso e estou certo de que a tarefa do Eduardo Nassife e do Fábio Fabrício Fabretti ao escreverem a sua biografia será a descrição da jornada da heroína, de uma vida e uma carreira especialmente bem-sucedida. A Gloria Pires é uma estrela que veio e fica para iluminar a galáxia. Sinto-me honrado com a oportunidade de lhe dizer o quanto a admiro e do meu carinho para sempre. Beijão carinhoso do amigo Ary. Mércia, chefe da sua torcida, também manda beijos extensivos ao Gloria Futebol Clube.

Ary Nogueira

Gloria completou 15 anos enquanto fazíamos "Dancin' Days". Nossa amizade era muito forte, mesmo eu já sendo adulta e ela uma menininha. Desde o início Marisa foi um estrondo. Contracenávamos muito. Houve uma cena em que eu, amicíssima da Sônia Braga, dizia a Gloria umas verdades sobre o fato de ela maltratar a sua mãe. Na explosão da briga, Gloria chorava. Nunca vou me esquecer daquelas grossas lágrimas saltando com verdade dos seus belos olhos. Guardo muito carinho por ela, como sei que ela o tem por mim. Gloria é um acontecimento na vida.

Jacqueline Laurence

Tenho grande admiração por Gloria. Fui muito amiga do pai dela. Trabalhamos juntos em rádios e tevês. Ele só podia fazer uma filha como Gloria Pires. Ela é uma atriz inteira, quente, aglutinadora. Ela sempre se põe no jogo da comunicação humana e se entrega de uma forma simples e delicada. Mas muito forte. Merece todo o sucesso que tem. E todo o nosso carinho. E todo o nosso reconhecimento.

Fernanda Montenegro

Querida Glorinha,

Pensei em criar uma ligação entre o céu e a Terra para traduzir a grandeza da sua luz. Não fui muito competente, não. Saíram essas palavras aí. A cabeça pensou mais do que consegui expressar. Não repare. Tentarei melhorar alguma coisa, mas receio que não consiga. Já me desculpo antecipadamente.

Um amigo espírita me disse que os grandes santos, anjos e arcanjos não se aproximam da Terra porque provocariam uma geração de energia capaz de provocar uma imensa explosão. Senti o peso da responsabilidade ao escrever sobre você. Entendi um pouco do que ele me disse. Caramba! é isso mesmo: gente é gente, mito é mito.

Com o carinho e admiração do amigo e torcedor

Ary Fontoura

Mãe e, acima de tudo, minha protetora! Se eu tivesse que escolher uma palavra perfeita para definir a minha mãe, seria "paz".

Uma pessoa que está sempre em paz consigo mesma, e com todos ao seu redor, e consegue fazer o mais difícil, que é equilibrar essa paz e fazer com que ela domine todos os outros sentimentos fortes que às vezes tentam atrapalhar. Nela, a paz sempre reina. Inteligente, prática, doce e atenciosa. Uma grande mulher e menina ao mesmo tempo. Sabe respeitar seus sonhos, mas está sempre com os dois pés no chão. Nunca vi alguém que conseguisse aconselhar tantas coisas ao mesmo tempo, e ter os melhores resultados. Casa, trabalho, filhos, marido, contas, compras, cachorro, papagaio, e ainda assim, está sempre com um sorriso, achando tudo bom e feliz com o pouco tempo que lhe resta para "ficar à toa". Esse tempo, ela podia dedicar a si mesma, mas sempre dedica à família. Sempre está em algum lugar da casa abraçada com os filhos, seja no sofá da sala ou na cama do quarto. Minha mãe é uma pessoa muito grata, e foi com ela que eu aprendi o verdadeiro significado da palavra "gratidão", a agredecer sempre em primeiro lugar a tudo, antes de pedir. Ela também se preocupa com todo mundo, lembra de todos e tem muito carinho e respeito pelas pessoas. Ela é muito correta e honesta, nunca nos deixou pular a roleta do metrô ou chegarmos atrasados no ponto de ônibus da escola, porque como eu disse, além de tudo, ela ainda se preocupa com os outros. Graças a Deus, eu tive a oportunidade de nascer da barriga dela, pois se eu tivesse nascido de outra, minha teimosia e meus ataques de ira não teriam sentido, porque é a única pessoa que eu não consigo tirar do sério, e me faz sentir ridícula por fazer essas coisas, sem nem precisar abrir a boca. Minha mãe me ensinou a começar algo e terminar. Nunca deixar para amanhã o que se pode fazer hoje, e a ter sempre muita paciência, para que as minhas obrigações não fugissem do meu controle. Paciência, aliás, é a sua característica que mais admiro. Mãe, você é um ser muito evoluído! Você é muito especial para mim. Eu espero que sejamos amigas para sempre, pois você poderá contar sempre comigo!

Eu te amo!

Antonia Pires de Morais

Durante a novela "O Dono do Mundo", eu fui contratada para fazer um comercial em Recife. A empresa me pagou adiantado, mandou passagem e reserva de hotel. Eu viajaria num sábado à tarde, porém, pela manhã, eu tinha de gravar uma cena bem rápida com a Glorinha, onde a minha personagem, a Aracy, levaria um presente para a menina que fazia a filha dela na novela. Só que a gravação estava atrasada, pois o Juizado de Menores ainda não havia expedido a autorização para a menina, que tinha quase 2 anos na época, gravar naquele sábado. O Dennis Carvalho, diretor, estava esperando a autorização chegar. Nem eu e nem Glorinha sabíamos disso! Comecei a ficar nervosa, por perder a viagem! Comentei com a Glorinha e ela, para me ajudar, disse que daria um jeito. Então, Gloria disse ao Dennis que se recusaria a gravar aquela cena naquele dia, pois era um absurdo fazer uma criança esperar horas a fio uma autorização que nem sabíamos se chegaria a tempo ou não. Dennis, convencido pelo argumento dela, liberou toda a equipe e agendou a gravação para a segunda-feira seguinte. Consegui viajar e deu tudo certo, graças à generosidade da Glorinha!

Betty Erthal

Com ela, eu consigo ser mais eu. Quando olho dentro dos olhos dela, vejo a mim mesmo. Não temos uma receita, apenas uma grande vontade de estarmos juntos. Nosso pacto é a liberdade de sermos nós mesmos. A música que mais nos traduz é "Lado a Lado", que compus para mais uma homenagem a ela, entre todas que já fiz e farei sempre.

Orlando Morais

Cronologia

NOVELAS – REDE GLOBO

SELVA DE PEDRA – 1972
Novela de Janete Clair
Personagem: **Fátima**

O SEMIDEUS – 1973
Novela de Janete Clair
Personagem: **Ione**

DUAS VIDAS – 1976/1977
Novela de Janete Clair
Personagem: **Letícia**

DANCIN' DAYS – 1978/1979
Novela de Gilberto Braga
Personagem: **Marisa**

CABOCLA - 1979

Novela de Benedito Ruy Barbosa

Personagem: **Zuca**

ÁGUA VIVA - 1980

Novela de Gilberto Braga

Personagem: **Sandra Fragonard**

AS TRÊS MARIAS - 1981

Novela de Wilson Rocha

Personagem: **Maria José**

LOUCO AMOR - 1983

Novela de Gilberto Braga

Personagem: **Cláudia**

PARTIDO ALTO - 1984

Novela de Aguinaldo Silva e Glória Perez

Personagem: **Celina Cruz**

DIREITO DE AMAR - 1987

Novela de Walther Negrão

Personagem: **Rosália Medeiros**

VALE TUDO - 1988/1989

Novela de Gilberto Braga, Aguinaldo Silva e Leonor Bassères

Personagem: **Maria de Fátima Aciolly**

MICO PRETO - 1990

Novela de Marcílio Moraes, Euclydes Marinho e Leonor Bassères

Personagem: **Sarita**

O DONO DO MUNDO - 1991/1992

Novela de Gilberto Braga, Leonor Bassères, Sérgio Marques, Ricardo Linhares e Ângela Carneiro

Personagem: **Stella Barreto**

MULHERES DE AREIA - 1993

Novela de Ivani Ribeiro, com colaboração de Solange Castro Neves

Personagens: **Ruth e Raquel**

O REI DO GADO - 1996/1997

Novela de Benedito Ruy Barbosa

Personagem: **Rafaela Berdinazzi**

ANJO MAU - 1997/1998

Novela de Maria Adelaide Amaral

Personagem: **Nice**

SUAVE VENENO - 1999

Novela de Aguinaldo Silva

Personagem: **Lavínia de Alencar**

DESEJOS DE MULHER - 2002

Novela de Euclydes Marinho

Personagem: **Júlia Moreno**

BELÍSSIMA - 2005/2006

Novela de Silvio de Abreu

Personagem: **Júlia Assunção**

PARAÍSO TROPICAL - 2007

Novela de Gilberto Braga

Personagem: **Lúcia Vilela**

MINISSÉRIES - REDE GLOBO

O TEMPO E O VENTO - 1985

De Doc Comparato, adaptada do original de Érico Veríssimo

Personagem: **Ana Terra**

MEMORIAL DE MARIA MOURA - 1994

De Jorge Furtado, adaptada do original de Rachel de Queiroz

Personagem: **Maria Moura**

FILMES

ÍNDIA, A FILHA DO SOL - 1982

Dirigido por Fábio Barreto

Personagem: **Putkoy**

MEMÓRIAS DO CÁRCERE - 1983

Dirigido por Nelson Pereira dos Santos

Personagem: **Heloísa Ramos**

BESAME MUCHO - 1986
Dirigido por Francisco Ramalho Júnior
Personagem: **Olga**

JORGE, UM BRASILEIRO - 1988
Dirigido por Paulo Thiago
Personagem: **Sandra**

O QUATRILHO - 1995
Dirigido por Fábio Barreto
Personagem: **Pierina**

O GUARANI - 1995
Dirigido por Norma Bengell
Personagem: **Isabel**

PEQUENO DICIONÁRIO AMOROSO - 1996
Dirigido por Sandra Werneck
Personagem: **Bel**

A PARTILHA - 2001
Dirigido por Daniel Filho
Personagem: **Selma**

SE EU FOSSE VOCÊ 1 - 2006
Dirigido por Daniel Filho
Personagem: **Helena**

PRIMO BASÍLIO - 2007

Dirigido por Daniel Filho

Personagem: **Juliana**

SE EU FOSSE VOCÊ 2 - 2009

Dirigido por Daniel Filho

Personagem: **Helena**

É PROIBIDO FUMAR - 2009

Dirigido por Anna Muylaert

Personagem: **Baby**

LULA, O FILHO DO BRASIL - 2010

Dirigido por Fábio Barreto

Personagem: **Dona Lindu**

HUMORÍSTICOS

CHICO CITY - 1971, 1972, 1973 e 1974

SATIRICOM - 1973

UAU - 1974

FAÇA HUMOR, NÃO FAÇA GUERRA - 1974

ESCOLINHA DO PROFESSOR RAIMUNDO - 1990

ZORRA TOTAL – QUADRO "ALBERTO ROBERTO" **- 1999**

CASSETA E PLANETA URGENTE! - 2006

OUTRAS PARTICIPAÇÕES

Abertura da novela **A Pequena Órfã**, de Teixeira Filho, em 1969, na TV Excelsior;

Caso Especial: **Sombra de Suspeita**, em 1972, na Rede Globo;

Clipe da Música **João e Maria**, com Lauro Corona, em 1978, na Rede Globo;

Aplauso: **O Homem Pálido**, em 1979, na Rede Globo;

Especial **Pinta, Pinta Melindrosa**, em 1979, na Rede Globo;

Clipe da Música **Pétala**, com Djavan, em 1983;

Clipe da Música **Drop's de Hortelã**, com Oswaldo Montenegro, em 1985;

Clipe da música **Da Boca Pra Fora**, com Roberto Carlos, em 1986;

Leitura do texto **O Apocalipse**, de Arthur da Távola, no Fantástico, em 1986;

Clipe da música **Coisas do Coração**, com Roberto Carlos, em 1988;

Participação no *show* de Oswaldo Montenegro, cantando a música **O País das Atrizes**, no Canecão, em 1988;

Participação na **Escolinha do Professor Raimundo**, com Chico Anysio e seu pai, Antônio Carlos Pires, em 1990, na Rede Globo.

Participação no especial **TV Ano 50**, em 2000.

DISCOGRAFIA

Em 1980, Gloria Pires gravou o disco **Coração**, contendo duas músicas, a primeira, **Coração**, que dá nome ao disco, e a segunda, **O Véu Desse Céu**. O disco foi lançado pela gravadora RCA.

CAPAS DE TRILHAS SONORAS

Direito de Amar, O Dono do Mundo, Mulheres de Areia, e Belíssima.

Referências Bibliográficas

LIVROS

ALENCAR, Mauro. **A Hollywood Brasileira — Panorama da Telenovela Brasileira**. Rio de Janeiro: SENAC, 2002.

FERREIRA, Mauro (autor) e COELHO, Cleodon (pesquisador). **Nossa Senhora das Oito — Janete Clair e a evolução da telenovela no Brasil.** Rio de Janeiro: Editora Mauad, 2003.

FILHO, Daniel. **Antes que me esqueçam**. Rio de Janeiro: Editora Guanabara, 1988.

FILHO, Daniel. **O circo eletrônico — Fazendo TV no Brasil.** Rio de Janeiro: Editora Jorge Zahar, 2001.

FIUZA, Sílvia Regina de Almeida (coordenadora). **Dicionário da TV Globo — Vol. 1: Programas de dramaturgia & entretenimento.** Rio de Janeiro: Editora Jorge Zahar, 2003.

OLIVEIRA SOBRINHO, José Bonifácio de. **50 anos de TV no Brasil.**
São Paulo: Editora Globo, 2000.

XAVIER, Nilson. **Almanaque da telenovela brasileira**.
São Paulo: Editora Panda Books, 2007.

ROSA, Mário. **A era do escândalo: lições, relatos e bastidores de quem viveu as grandes crises de imagem**.
São Paulo: Geração Editorial, 2008 – 5ª edição.

SITES

www.wikipedia.org
www.teledramaturgia.com.br
www.memoriaglobo.globo.com
www.redeglobo.com.br